AF273745

RETOS Y DESAFÍOS DE LA POSTADOPCIÓN

Coordinado por Marisa Méndez Sordo
y Casilda Cortés Puya
(Asociación Postadopción en Acción)

Acceda a www.editorialsentir.info
para descargar gratis
contenido adicional,
complemento imprescindible de este libro

Código: SENTILIBROS33

RETOS Y DESAFÍOS DE LA POSTADOPCIÓN

Coordinado por Marisa Méndez Sordo
y Casilda Cortés Puya
(Asociación Postadopción en Acción)

Retos y desafíos de la postadopción

© 2026 Marisa Méndez Sordo (coord.), Casilda Cortés Puya (coord.),
Francisco Javier Solís Olmos, José Ramón Gamo, Esther Blanco Antón,
Mabel G. Medina, José Luis Gonzalo Marrodán, Maryorie Dantagnan Dantagnan,
Cristina Herce Sellán, Talía Sainz Costa, María José Penzol Alonso,
Eva M.ª Milla Molina, María Jesús Crespo Torres, Montse Lapastora
y Luz Muñoz Asenjo

Primera edición, 2026

Directora de colección: Mercedes Bermejo
Directora de producción: M.ª Rosa Castillo
Corrección: Haizea Beitia
Maquetación: D. Márquez
Diseño de la cubierta: cuantofalta.es

© 2026 Editorial Sentir es un sello editorial de Marcombo, S. L.
Avenida Juan XXIII, n.º 15-B28224 Pozuelo de Alarcón. Madrid
www.editorialsentir.com
Contacto: sentir@marcombo.com

Cualquier forma de reproducción, distribución, comunicación pública o
transformación de esta obra solo puede ser realizada con la autorización de
sus titulares, salvo excepción prevista por la ley. Diríjase a CEDRO (Centro
Español de Derechos Reprográficos, www.cedro.org) si necesita fotocopiar o
escanear algún fragmento de esta obra

ISBN: 978-84-267-3944-5
D.L.: B 1553-2026

Impresión: Servicepoint
Printed in Spain

Libro ecológico
Impreso con papel procedente de bosques gestionados
de manera eficiente, libre de cloro.

Dedicado a todas las infancias a las que les tocó vivir demasiado, demasiado pronto y demasiado rápido.

AGRADECIMIENTOS

DE ESTHER BLANCO ANTÓN

A Vega y a Martín, por sus risas y abrazos eternos en los descansos; a Edu por su apoyo incondicional; a mi madre por creer siempre en mí; a Mabel por su acompañamiento, y a Casilda y Marisa. Por supuesto, también a mis pacientes y a sus familias, de los que tanto aprendemos cada día. Esto es por y para ellos.

DE MARÍA JESÚS CRESPO TORRES

Para mi profe Mercedes Mateos, que me enseñó humanidad, espíritu de servicio y humildad. Y para José, siempre, cobijo y faro en este viaje.

DE CASILDA CORTÉS PUYA Y MARISA MÉNDEZ

Gracias a Lucia Sherine, María, Sweety y Ana Santosh, cuatro maestras que nos inspiran cada día a mirar más allá de lo que creíamos posible. Con vosotras, todo lo vivido cobra sentido y encontramos fuerza para seguir mejorando la vida de quienes han sido adoptados. Gracias a nuestra incondicional red de apoyo y a todas las personas que respaldan la Asociación Postadopción en Acción con fe, cariño y compromiso.

DE MARYORIE DANTAGNAN DANTAGNAN

A todas las familias, niños y jóvenes que participan en nuestro programa de adopción de EXIL-IFIV Barcelona, por tenernos confianza y darnos el regalo de acompañarlos en sus procesos de reconstrucción resiliente. A todo el equipo de psicoterapeutas infantiles de EXIL-IFIV Barcelona por su profesionalidad, humanidad y compromiso con la infancia y adolescencia vulnerable y vulnerada.

DE MABEL G. MEDINA

A Marta Irene, un ser mágico que me eligió y me enseñó a escuchar y mirar distinto; a David, por existir y por su apoyo estable y seguro; a Pedre, por su empuje y acogimiento; a mi familia; a Esther; a Anabel, Cristina y Paloma; a mi grupo de Apego Seguro, por la confianza, la compañía y las enseñanzas, y a mis pacientes y a todas las personas que me han ayudado a recorrer este camino de la adopción desde distintos lugares.

DE JOSÉ RAMÓN GAMO

A mi equipo de trabajo, por hacer posible la realización de proyectos de esta naturaleza, y a las familias que nos han confiado la oportunidad de compartir su biografía.

DE JOSÉ LUIS GONZALO MARRODÁN

A los jóvenes adoptados y acogidos que han participado, junto con Tatiana Cáseda y María José Gorrochategui, en nuestro programa de Traumaterapia ecosistémica en el marco de la consulta Lotura de San Sebastián (Gipuzkoa). Nos han enseñado que la frase "Dame un punto de apoyo y moveré mi mundo" se puede hacer realidad gracias a un entorno afectivo y solidario.

DE CRISTINA HERCE SELLÁN

A las familias de mis talleres de *Ume Alaia*, gracias por la confianza depositada durante más de veinte años y por haberme permitido acompañaros en vuestro camino. A los niños, niñas y familias de acogida de Gipuzkoa, mi reconocimiento más profundo por todo lo que me habéis enseñado a través del trabajo compartido en *Lauka*. Y a la Diputación Foral de Gipuzkoa, mi sincero agradecimiento por el apoyo y la confianza mantenida en nuestro equipo a lo largo de estos años.

DE MONTSE LAPASTORA

A Javier, Dana y Miguel, que han sido siempre mi apoyo, mi impulso y mi refugio en cada proyecto. Gracias a todos los niños, niñas y familias por haberme mostrado su interior, por permitirme recorrer a su lado un trocito de su camino vital. Gracias por su generosidad y por enseñarme y enriquecerme tanto.

DE EVA M.ª MILLA MOLINA

A mi maravillosa familia por haberme permitido que pudiera dedicar todo el tiempo del mundo a la noble profesión que consiste en escuchar a todas las personas que sufren.

DE LUZ MUÑOZ ASENJO

A mis hijos, Manish e Iria. Son el motor de mi vida, le dan sentido a todo lo que hago y me dan lecciones maravillosas cada día. A los jóvenes adoptados que han decidido de manera sincera y valiente compartir su experiencia en este libro. A las fundadoras de la Asociación Postadopción en Acción, Marisa y Casilda.

DE MARÍA JOSÉ PENZOL ALONSO

Muy agradecida a Postadopción en Acción y Adopta Spain 2024 por la oportunidad de participar en este precioso proyecto. A mis pacientes y sus familias adoptivas a quienes admiro profundamente por su capacidad de adaptación y superación. A Luz, Marisa, Casilda y Talía, por su confianza, apoyo, paciencia y estimulo.

DE TALÍA SAINZ COSTA

Nuestro agradecimiento a todo el personal de la unidad de adopción internacional del hospital Carlos III, posteriormente integrado en el Hospital La Paz, y en especial a la Dra Mellado y la Dra García Hortelano, por ser ejemplo de vocación y excelencia, por todos estos años de dedicación a sus pequeños pacientes y sus familias, y por contribuir a formar profesionales para los que siempre serán un referente.

DE FRANCISCO JAVIER SOLÍS OLMOS

A Maya y Alonso, por ser una fuente inagotable de amor. Y, con profundo agradecimiento, a todos aquellos que nos regalan el valor de una segunda oportunidad.

PRÓLOGO DE SANDRA BAITA

Todos sabemos que la Luna es un cuerpo esférico, y también sabemos que solo vemos una parte, la que está iluminada por la luz del Sol. Después está aquello que no vemos, lo que se conoce como *el lado oscuro de la Luna*.

Los efectos del maltrato, la negligencia y el abandono en el desarrollo del ser humano son parte del lado oscuro de una realidad más cercana. Una realidad que, aunque todos sabemos que existe, muchos no ven (y algunos eligen no ver). Dentro de esa realidad, hay un punto aún más oscuro, y es el de aquello que sucede con la vida de estos niños, niñas y adolescentes cuando son adoptados. Porque aunque sus vidas siguen, a veces pareciera que el acto de la adopción fuera un punto final a una historia, una que, por cierto, está muchas veces llena de capítulos incomprensibles o muy largos, todos muy dolorosos.

A lo largo del tiempo que llevo trabajando en el campo del trauma infantil, me ha tocado ayudar a familias que llegaban a mí como el náufrago que finalmente toca tierra, exhausto y desorientado. Familias que, tal vez, habían recorrido otros servicios o consultado a otros profesionales y que se encontraban con respuestas escasas a sus preguntas y magras soluciones a sus necesidades.

Muchas de estas familias encontraban apoyo en otras familias, con quienes resonaban en sus preguntas, en sus preocupaciones y en su desorientación.

La idea de encontrar una nueva familia para niños que han sido maltratados de múltiples formas en la propia pone de manifiesto que entendemos que un ser humano necesita desarrollarse en un entorno estable y seguro. Pero si no entendemos qué necesita ese nuevo entorno para adaptarse al niño que llega, y qué necesita el recién llegado para sentirse a salvo en ese nuevo refugio, la loable tarea se parecerá simplemente a un fuego de artificio iluminando transitoriamente una noche oscura.

Es que esa adaptación mutua requiere de tiempo. Mucho tiempo. Soy consciente de que decir *mucho tiempo* puede generar agobio y desesperanza. Pero ¿cómo? ¿No era suficiente con encontrar una nueva familia? No. De la misma manera que con el amor de las nuevas familias solamente tampoco alcanza.

Durante el tiempo en que estos niños, niñas y adolescentes han estado repartiendo su vida entre sus familias de origen y orfanatos o casas de acogida, sus cerebros, sus mentes y sus cuerpos se han tenido que dedicar a sobrevivir, un poco en el maltrato, otro poco en la incertidumbre. Cambiarlos de entorno no alcanza. A sus nuevas casas llegan con múltiples heridas, algunas más visibles que otras, algunas estridentes, otras dormidas, latentes. Y todos somos responsables de ayudar a sanar esas heridas, no solo las nuevas familias.

Este libro busca mostrar los múltiples y variados huecos por donde esas heridas se asoman, y los siete primeros capítulos están escritos por diversos expertos en sanarlas. Pero permítanme sugerirles que no lean esos capítulos solo pensando en que quienes los escribieron son expertos. Lo son, no les quepan dudas. Pero además de ser expertos, han sido testigos. Ellos les van a contar lo que vieron y escucharon, lo que hicieron, lo que ven y escuchan y lo que hacen. Léanlos imaginando que están allí con ellos, viendo y escuchando lo mismo. Por momentos puede ser doloroso, complejo, agobiante e inimaginable. Pero si logran transitar esos capítulos, estarán preparados para llegar al último.

Es allí donde encontrarán a los protagonistas. Lean sus testimonios como si les pudieran poner un rostro, una voz, una mirada. Si logran conectar con ellos, con el recorte de su historia que ellos compartirán con cada lector, entonces entenderán la imperiosa necesidad de ayudarlos en cada parte del nuevo camino, a sanar las huellas del camino que dejaron atrás, en sus familias y tal vez en sus países de origen.

Les aseguro que ser testigos de los lugares a los que estos protagonistas pueden llegar cuando todos remamos en el mismo sentido y los acompañamos, contra viento y marea, con sol y en medio de las tempestades, es un privilegio inigualable.

Sandra Baita,
Buenos Aires, Argentina

Índice

1

DESAFÍOS DE LA POSTADOPCIÓN: UNA REALIDAD IGNORADA

Asociación Postadopción en Acción

Adopción y postadopción no deberían concebirse como dos conceptos ni momentos diferenciados, sino como una misma realidad. La postadopción es la consecuencia lógica, jurídica y ética del acto adoptivo.

A pesar de la normativa existente, desde los años 90 se ha entendido la adopción como un acto que consiste en la constitución legal del vínculo entre la persona adoptada y su nueva familia. Esta visión limitada de la realidad adoptiva ha tenido consecuencias importantes: ha invisibilizado las necesidades que surgen después, ha dejado sin respuestas a quienes transitan el camino adoptivo y ha dificultado que las instituciones reconozcan y aborden la complejidad del proceso.

Frente a esta perspectiva fragmentada, proponemos comprender la adopción como un proceso continuo que comienza con la constitución legal del vínculo adoptivo y continúa a lo largo de la vida de la persona adoptada.

En primera instancia, el Estado establece jurídicamente la nueva relación familiar, dotándola de plenos efectos en términos de filiación, derechos y deberes.

A partir de ese momento comienza la postadopción, que es el recorrido vital que arranca con la convivencia inicial y el ajuste mutuo entre la persona adoptada y su nueva familia, con la que ha de construir el vínculo afectivo. Además, la familia debe iniciar el proceso de conocer y descubrir a la persona adoptada más allá de lo evidente y lo visible, dejando de lado las expectativas personales, con el fin de que emerjan las circunstancias que han rodeado sus orígenes. Precisamente son esas circunstancias biográficas, que en general no se conocen con detalle ni profundidad, las que pueden emerger a lo largo de todo el ciclo vital como desafíos específicos relacionados con la identidad, el apego y el trauma temprano. Las heridas fruto de esas circunstancias raramente son accesibles o visibles y, por lo tanto, no se atienden hasta que la propia vida las visibiliza con todo el dolor y desconcierto que genera ver sufrimiento donde, en apariencia, "ya estábamos bien".

La importancia capital de la postadopción es desarrollar el sistema de prevención y seguimiento que atenúe y mitigue los efectos de esas heridas.

Por tanto, la postadopción es parte del proceso adoptivo y no una etapa añadida o secundaria. Exige transformar la mirada institucional y social: no basta con formar familias, es necesario acompañarlas en el tiempo y construir entornos que favorezcan la integración, la salud emocional y el ejercicio pleno de derechos de las personas adoptadas.

Si ese camino no se sostiene de manera adecuada o si la persona adoptada no se siente aceptada cuando se muestra con toda su crudeza, dolor y vulnerabilidad, la adopción corre el riesgo de convertirse, una vez más, en un abandono.

La postadopción es una parte esencial del derecho a la protección integral de la infancia. Es el espacio en el que se juega con la dignidad, el bienestar emocional y la realización plena de quienes han sido adoptados (¿no era este el propósito de la adopción?).

En España hay, según datos oficiales, más de 77 000 personas en esta fase postadoptiva[1]. Aunque el número de adopciones —especialmente las internacionales— ha disminuido de forma significativa en los últimos años, ahora mismo decenas de miles de personas adoptadas y de familias formadas mediante adopción están viviendo las etapas más complejas del ciclo vital: la adolescencia, la juventud y la entrada a la vida adulta. En estas etapas el pasado no desaparece, sino que resurge con fuerza y exige ser mirado, nombrado y entendido.

No es infrecuente que, en estas etapas, se manifiesten formas diversas de malestar emocional, dificultades en la integración social, conflictos relacionales, conductas de riesgo o incluso una progresiva desvinculación del entorno familiar. Al margen de que estos comportamientos conduzcan o no a un diagnóstico médico, son sin duda una vía de expresión del sufrimiento.

Ante esta realidad, profesionales de diversos campos y familias han impulsado programas específicos de postadopción. Sin embargo, estos recursos siguen siendo parciales, desiguales e insuficientes y terminan abruptamente cuando la persona adoptada alcanza la mayoría de edad.

Faltan estudios exhaustivos y multidisciplinares que permitan conocer con precisión la situación de estas personas: cuáles son sus necesidades reales, qué dificultades han enfrentado o enfrentan actualmente y qué apoyos serían necesarios para garantizar su bienestar. No se conocen suficientemente sus historias ni existen datos sistemáticos que orienten la acción pública.

---

1 https://www.asatlas.org/proceso-de-adopcion/estadisticas.html

Sin embargo, desde 1999 en Estados Unidos[2] se lleva a cabo una investigación sobre el bienestar de los niños y las familias involucradas en el sistema de protección infantil que apuntan a escenarios profundamente preocupantes. Frente al 60 por ciento que consigue alcanzar una relativa estabilidad familiar y desarrollar un cierto sentido de pertenencia, el 40 por ciento de los niños adoptados experimentan, o bien una inestabilidad formal postadoptiva, es decir, una disolución legal del vínculo adoptivo y el reingreso al sistema de protección, o bien atraviesan situaciones de inestabilidad informal consistentes en rupturas o distanciamientos familiares severos.

Estos datos nos interpelan porque ponen de manifiesto que la adopción no es el final de un proceso. Es imprescindible reconocerlo para garantizar los derechos de quienes fueron adoptados y para construir un modelo de protección integral más justo, humano y sostenible.

Los desafíos estructurales para conseguir ese modelo de protección son los siguientes:

1. **La falta de datos y conocimiento.** Necesitamos investigaciones oficiales, sólidas y coordinadas que permitan evaluar con rigor la realidad postadoptiva de jóvenes y familias. Así podremos diseñar políticas públicas eficaces que incorporen los últimos avances clínicos, sociales y terapéuticos con todas las especificidades del proceso postadoptivo.

2. **La falta de reconocimiento institucional.** Es urgente reconocer institucionalmente la postadopción para dimensionar y/o crear unidades especializadas en el sistema de salud y protocolos específicos en el ámbito sanitario, educativo y social,

---

2 Nos referimos a la Encuesta Nacional sobre el Bienestar de Niños y Adolescentes (NSCAW) disponible en https://acf.gov/opre/report/understanding-post-adoption-and-guardianship-instability-children-and-youth-who-exit

así como luego difundir y promocionar adecuadamente la existencia de dichos recursos.

3. **La falta de formación profesional.** Los profesionales que trabajan con personas adoptadas —médicos, docentes, trabajadores sociales, psicólogos, juristas, fuerzas y cuerpos de seguridad del Estado— necesitan una formación específica sobre los efectos del trauma temprano y las particularidades del vínculo adoptivo.

4. **La falta de recursos económicos.** El reconocimiento de la postadopción como condición que requiere atención pública es clave para garantizar que el cuidado no dependa exclusivamente de los recursos y buena voluntad de las familias adoptivas.

5. **El desamparo jurídico al alcanzar la mayoría de edad.** Los datos muestran que tras la mayoría de edad de las personas adoptadas persisten las secuelas funcionales o emocionales derivadas de las experiencias tempranas de abandono, institucionalización o trauma complejo, cuya atención se suspende al abandonar la condición de niño.

Estos desafíos son una llamada urgente a la acción colectiva. Las propuestas de solución que surgen desde familias, profesionales y las propias personas adoptadas no son un punto final, sino el comienzo de un camino que requiere compromiso sostenido, reflexión compartida y voluntad política.

Desde la Asociación Postadopción en Acción creemos que ha llegado el momento de que la postadopción entre en el debate social e institucional, porque está en juego el bienestar emocional, la salud, la dignidad y el desarrollo de la capacidad psicosocial de miles de personas adoptadas y de sus familias.

En la adopción el amor es imprescindible, pero no siempre es suficiente. A lo largo de años, padres, madres, personas adoptadas, familia extensa, terapeutas, médicos, docentes, abogados y un largo etcétera han ido sumando sus voces y sus experiencias, impulsados por el deseo de contribuir a rellenar ese "no siempre es suficiente".

Nuestro deseo es claro: que ninguna persona adoptada se sienta sola y que no abandonemos, como sociedad, aquello que una vez prometimos cuidar.

2

ADOPCIÓN Y TRAUMA COMPLEJO: CLAVES PARA COMPRENDER Y ACOMPAÑAR

Mabel G. Medina y Esther Blanco Antón

2.1 INTRODUCCIÓN

El abordaje terapéutico del trauma complejo en personas adoptadas exige una mirada que contemple el daño temprano y las capas de experiencia añadidas a lo largo de su vida. El trauma no se limita al momento de la separación de la familia de origen o a los posibles abusos o negligencias vividos en etapas tempranas; también incluye los daños perinatales, las pérdidas sucesivas, la institucionalización, la vivencia de desarraigo y las dificultades relacionales posteriores. Por ello, el trabajo clínico debe ser profundo, individualizado y comprensivo respetando el momento del ciclo vital, el ritmo y las defensas de cada persona.

En ocasiones, la adopción se produce sobre una base profundamente herida y no siempre puede integrar lo nuevo sin procesar lo anterior.

2.2 ¿QUÉ SON EL TRAUMA Y EL TRAUMA COMPLEJO?

A lo largo de la vida nos encontramos con que podemos tener que afrontar diferentes situaciones para las que el sistema no está preparado y no las puede asumir adecuadamente. Estas situaciones pueden ser muy intensas y tener un impacto en el cuerpo (riesgo de muerte personal o de otras personas queridas, abusos sexuales, físicos...). Esta situación que sobrepasa los recursos y rompe la seguridad es llamada situación traumática y puede producir un trastorno llamado estrés postraumático (TEPT) —o trauma simple—, que hace que la persona sienta reexperimentación de lo que le hizo daño, pesadillas, evitación de situaciones parecidas, depresión, inestabilidad, miedo, culpa, aislamiento...

La vivencia no siempre va a generar un daño de por vida, porque el sistema tiene capacidad de "digestión emocional" y se suele procesar de forma natural.

Hay situaciones que pueden provocar una sintomatología igual o peor que la de un trauma simple, pero que muchas veces no se reconocen como trauma. Esto ocurre porque no dejan una huella evidente en el cuerpo ya que no se trata de algo que sucedió, sino de algo que faltó y que era necesario para sostener un desarrollo emocional saludable. También puede deberse a la acumulación de "pequeñas" vivencias dañinas, repetidas a lo largo del tiempo, que pueden dar lugar a un Trastorno de Estrés Postraumático Complejo (TEPT-C). Este cuadro presenta síntomas similares al trauma simple, pero resulta más difícil de solucionar y, además, interfiere de manera mucho más profunda en la autoestima, el autoconcepto, los recursos con los que la persona se enfrenta al mundo etc.

Este tipo de trauma complejo tiene que ver con las relaciones tempranas y limita el desarrollo del cerebro, ya que afecta a su estructura y funcionamiento, sobre todo si se produce a una edad muy temprana. En estos casos, la mente no finaliza su consolidación y se dañan la regulación emocional, el sentido del yo (self), la capacidad de mentalización, la confianza básica en el otro, la personalidad y la identidad (Sandra Baita, 2023). Además, puede producirse la disociación infantil, desde la falta de integración.

Esto es peor cuando las figuras de apego son las que abusan del menor o no le protegen y todo su sistema está ocupado en controlar lo máximo posible el entorno para sobrevivir. Bajo estas circunstancias, el menor se preocupará más de los estados emocionales de sus figuras de apego que de encontrar estrategias que le permitan calmarse a sí mismo.

Hay menores que han tenido un sistema de cuidado adecuado y funcionan dentro de la sensación de seguridad, desarrollando así un patrón de apego seguro y una buena autoestima, ya que sentirán que son importantes, queribles, valiosos... Esto será una buena base para que, si aparecen situaciones traumáticas, puedan procesarlas adecuadamente con su propio sistema, si son suficientemente mayores, o con ayuda de sus padres, que estarán ahí para ellos.

Pero cuando los padres no acompañan adecuadamente sus necesidades y su sistema de cuidado no es tan consistente, esto hará que el menor repita acciones para ser visto, con la idea de, en algún momento, captar la atención errante que los padres a veces le prestan. Ahí el menor no sentirá que merece ser atendido, sentirá que le dejan de atender en muchas ocasiones y vivirá muchos momentos de abandono, soledad, miedo por estar solo y no saber cómo conseguir ser atendido y calmado por los demás.

Hay padres que, sin ser negligentes, no aportan seguridad porque están ocupados en cosas "muy importantes" para ellos (incluso mirar el móvil). Atienden al niño en algunas de sus llamadas de apego. A veces lo hacen bien, pero por poco tiempo, y luego desconectan. Esto lleva al menor a optimizar sus demandas: las hace solo cuando son estrictamente necesarias y lo más simples posible, reduciendo la expresión emocional, para garantizar la máxima atención en el menor tiempo.

Hay un último tipo de padres, los que desarrollan un patrón desorganizado, que pueden ser violentos, negligentes, abusadores, peligrosos... Esta desorganización impide que el menor sienta seguridad. No sabe qué esperar ni cuándo, lo que genera un patrón de vida inestable y caótico. Su energía no se centra en recibir cuidado, sino en sobrevivir y protegerse del daño. Esto hace que viva en un estado de pánico constante, que puede dar lugar a una disociación, pero con conductas de sentirse fuerte y no vulnerable (para no ser "descubierto"), de mostrar que no tiene emociones (porque estas personas estén disociadas o no sean capaces de mostrarlas), etc.

Por tanto, veremos menores y adultos con miedo por todo, que miran el mundo esperando que ocurran cosas peligrosas constantemente (tanto físicas como sociales). Puede que lo muestren o que el sistema haya tenido que taparlo desde una estructura disociativa; puede que no puedan mostrar enfado (porque fue peligroso mostrarlo) o que intenten llevar a cabo conductas que eviten el abandono real o no, etc. Pero la clave de esto es que lo que veremos será una persona que no puede estar tranquila (o que lo está demasiado, que no conecta), que no mira el mundo como lo haría una persona que ha vivido desde la seguridad y la calma. Veremos también una autoestima dañada, una falta de confianza en sus capacidades porque nadie le ayudó a hacerlo bien desde el principio y porque, al intentarlo, le salió mal y la persona sufrió rechazo y abandono, lo que vuelve a "confirmarle" que no es adecuada y que la van a rechazar o a abandonar. Además, hay muchas acciones que buscarán el placer inmediato, sin analizar las consecuencias. Este tipo de conductas suelen producir mucho rechazo porque no se entienden o porque generan incomodidad en los demás (porque provienen de personas agresivas, o que no manejan los límites, o que son desajustadas, o que no quieren hacer cosas que se consideran "normales", etc.), lo que aumenta la probabilidad de volver a vivir justo ese rechazo y abandono que tanto temen, lo que incrementa ese círculo vicioso.

Cuando hablamos del daño de lo que no pasó nos referimos a lo que no se produjo y debería haberse producido: desde una mirada de amor incondicional, un acompañamiento a poner palabras, emociones y narrativa a lo que se va viviendo, a entender si eso es lo adecuado o no, a dar unos valores de vida, a la protección ante el daño de otros adultos cercanos o no, a la validación de las emociones; a permitir, por tanto, poder expresar a los otros lo que sienten y sentirse adecuados por ello, a sentir que son valiosos por cada paso que van dando, a sentir que no pasa nada por hacerlo mal y que se puede aprender de ello, a enseñarles que pueden luchar por ellos mismos y que valen para ello, que tienen estrategias para poder hacerlo o a enseñarles esas estrategias... Es tan importante lo que no se dio que deja paralizado y vacío el sistema porque, o las personas no van a saber enfrentarse a ese tipo de cosas durante su vida, o lo van a hacer de manera inadecuada, o no sabrán siquiera que tienen la opción de sentir o hacer determinadas cosas.

> El trauma complejo es un daño emocional y/o físico que se ha producido en un menor (sobre todo, menor de 7 años) que ha vivido experiencias CONTINUADAS de inseguridad, trato inadecuado, falta de respuesta emocional sostenida o respuestas desorganizadas (sin una coherencia) y sin figuras de cuidado que lo protejan. Puede haber generado disociación de algún tipo.

2.3 EL TRAUMA EN LA ADOPCIÓN: LAS MÚLTIPLES PÉRDIDAS DEL NIÑO ADOPTADO

Cuando se produce un abandono y una ruptura vincular con la familia biológica (tanto si es elegida por la familia biológica como si no), en el menor se producirá una sensación de desamparo, peligrosidad, falta de comprensión y entendimiento de la nueva situación, miedo/pánico, bloqueo, enfado, soledad, tristeza, etc. Incluso si la vida con la familia biológica no era segura, al fin y al cabo ellos "ya habían aprendido a sobrevivir en ese mundo de peligro"; el mundo nuevo tras la adopción, sin embargo, no lo conocen: tienen que empezar de nuevo.

La institucionalización incrementa todo ese tipo de emociones. Se le añade que no hay una figura de apego continuada propiamente dicha (aunque se intente) y hay otros niños con los que hay que "luchar" para conseguir ser vistos o atendidos. Normalmente no hay propiedades, porque lo que hay, por la escasez, es de todos, etc. Por lo general no es posible ofrecer un tipo de apego seguro en una institucionalización.

Además, en muchos países, los orfanatos/instituciones donde vivían estos menores no podían responder a sus necesidades más básicas e incluso se produjeron fuertes retraumatizaciones. No es siempre así, pero pudo producirse y no debemos romantizar esas estancias, ya que, entonces, no tendremos en cuenta la totalidad de la historia vivida.

Es cierto que hay países que, con el buen funcionamiento social que ostentan, son capaces de hacer que sus niños se sientan arropados y seguros unos con otros, como una familia extensa segura, lo que favorece el desarrollo emocional, a pesar de que los recursos económicos sean escasos. Lamentablemente, no es lo más habitual y, además, la experiencia de vivencia de los niños previa a la institución también determinará la capacidad de que esa "nueva familia" de su orfanato (y la posterior, de acogida) pueda reparar ese daño de mejor o peor manera.

En general, cuando tras la ruptura vincular se puede hacer un acogimiento en familia extensa o en familia acogedora, la relación con los cuidadores suele estar mejor y la idea es que los patrones de apego se consoliden de forma más segura, lo que será claramente una ventaja posterior siempre que esos espacios sean un lugar de estabilidad y seguridad, lo que influirá de nuevo en su patrón de apego, en su autoestima, en su capacidad para afrontar el mundo, en su manera de ver a los demás y las relaciones sociales, etc.

Las heridas de abandono no solo tienen que ver con los traumas previos, que también; tienen claramente que ver con la experiencia de no haber podido ser cuidados. Un menor va a sentir que si no ha sido cuidado, si no se ha podido mantener en su familia de origen "como los demás niños", es porque hay algo malo en él. Por tanto, su autoestima se establece desde ese punto de falta de valía y de sentir que en cualquier momento puede volver a ser abandonado por los demás. Si su madre biológica ya se "deshizo" de él, cualquier persona lo va a hacer. La sensación de no ser valioso será el filtro con el que mire el mundo a partir de entonces.

Pero no solo la sensación de ser "abandonables" influirá en cómo perciben su vida. También está la incertidumbre de por qué fueron abandonados (si no lo supieron), de por qué nadie de la familia extensa se hizo cargo de ellos, de si existía esa familia o no, de si fueron los únicos en ser dados en adopción y por qué: ¿eran los peores?, ¿por qué no los quisieron a ellos?, ¿cómo habrá sido su familia biológica?, ¿habrá hermanos?, ¿habrán muerto todos?... También surgirán preguntas del tipo "¿a quién me pareceré?" (incluso cuando la adopción no sea interracial; pero, cuando lo es, ese vacío de conocimiento se vuelve aún más fuerte). Además, cada vez que van al médico y les preguntan por los antecedentes familiares se reactivan este tipo de cosas (a lo largo de toda su vida). Cada cumpleaños (tanto si lo saben de forma fehaciente como si no) será un duelo más a añadir a los otros. Es un momento de recuerdo de que en ese momento estuvieron conectados con su madre biológica; hay pensamientos como "¿se acordará de mí?", "¿se arrepentirá de haberme dado en adopción?"... Es un dolor profundo que a veces pueden compartir adecuadamente con amigos o con sus familias adoptivas, pero otras veces lo mantienen escondido por vergüenza o para no hacer daño. Esto puede llevarlos a no poder compartir ese daño con nadie, a guardarlo y sufrirlo ellos solos o a taparlo con algo que pueda calmar el daño, como pueden ser conductas que generen calma inmediata: adicciones, autolesiones, sexo de riesgo, robos, etc.

Hay muchos más duelos a los que se enfrentan y, si en su historia temprana los menores no pudieron ser acompañados, necesitarán un prefrontal accesorio, ya que en el momento en que se estableció el daño no lo hubo. El acompañamiento adecuado por los padres adoptivos no pasa solo porque haya mucho amor por el hijo (que es necesario que esté), sino que será necesario saber acompañar, poner palabras, dar un lugar para acoger y recoger las emociones que se vayan dando, acompañarle a entender lo que siente y no saber qué es; estar, permanecer ahí y podérselo transmitir, ir generando un espacio seguro que pueda ir dando lugar a ser cuidado desde la seguridad, a pesar de las conductas que vaya pudiendo mostrar ese menor que tuvo ese daño en su primera infancia. Reparar lo que se haya hecho mal como padres, intentar aprender, entender, avanzar, mirar qué hay en uno mismo que pueda interferir negativamente en el desarrollo del menor, tener paciencia, quererle a pesar de todo y estar a pesar de todo... El conjunto entero es importante para poder reparar el daño con el que llegó y que se va incrementando con su propia vida posterior.

Hay muchos más duelos y traumas que trabajar y que los padres ni se plantean. A veces los menores no saben su historia real, su fecha de nacimiento, su lugar exacto... Además, han perdido el nombre que les dio su familia biológica, su idioma, su cultura, los olores y sabores de su tierra de origen, la comodidad de la ropa a la que estaban acostumbrados, el clima, la raza que los rodeaba... Y por eso quizá han dejado de sentirse "normales" o "anónimos".

A veces conocen su historia, pero no pueden hablar de ella, aunque muestran cicatrices visibles que los demás pueden ver. Habrá que ayudarlos a sanar también lo que originó las cicatrices visibles y las que no se ven; si hubo Abuso Sexual Infantil, si la adopción no fue "del todo" legal...

Estos son solo ejemplos, y hay más duelos que, si preguntásemos a cada menor, nos podrían ir contando de forma individualizada. Para ellos, desde la vivencia de abandono y de todo esto que planteamos, la sensación de que van a ser abandonados y/o rechazados es una realidad palpable en su día a día.

Es de destacar también que es posible que haya daño perinatal en ese menor que no pudo llegar al mundo en un embarazo en las mejores condiciones por diferentes motivos: falta de alimentación adecuada, esconder ese embarazo a base de no ingerir lo necesario, no cuidar al bebé porque no se quería..., así como historias durísimas de embarazos por violaciones, intentos de aborto que no se consiguieron llevar a término, gestación con toxicomanías, enfermedades, prostitución y un largo etcétera. Y también daño postnatal de intentos de asesinato, raptos, malnutrición, malos tratos, etc.

Otras veces nos encontraremos que, al no poder soportar el dolor que produce esa incertidumbre (unido al funcionamiento normal en la imaginación de un niño), los menores adoptados generarán fantasías que les ayuden a tapar esos agujeros de falta de información, como que sus padres eran los reyes de un país y ellos fueron secuestrados y dados en adopción, pero que les están buscando, etc. A veces las fantasías no son tan "positivas" y los menores sufren mucho pensando que sus padres están siendo torturados y por eso consiguieron hacerlos salir del país, etc.

Por todo eso, es importante para ellos poder, ahora, construir adecuadamente una sensación fuerte y sana de pertenencia, valía, autoestima, permanencia y seguridad; de coherencia y transversalidad en su historia; de saber cuánto tiempo pasó cada cosa en su vida; de sentir que sus padres sí pueden sostenerlos en todo este camino.

Trabajar con las personas adoptadas desde modelos específicamente centrados en el trauma, incluyendo EMDR, desde el que trabajamos nosotras, es básico. Esto no es un tema que tengan que "saber o entender", es algo mucho más profundo que ha configurado toda la estructura emocional y psíquica de la persona que lo ha vivido.

2.4 MANIFESTACIONES DEL TRAUMA COMPLEJO

2.4.1 Dificultades emocionales: evitación, disociación, desconexión

Una de las consecuencias del trauma complejo es el impacto que tiene en la capacidad de regulación emocional en la persona que lo sufre, ya que, cuando las emociones vividas en esos momentos son muy intensas y continuadas, el cerebro pone en marcha estrategias dirigidas a protegernos de sentir "cosas desagradables" (se producirá mayor "protección" cuanto menor desarrollo madurativo tenga). Y lo que fue útil cuando empezó, después ya no tiene por qué serlo, pero el cerebro sigue usando esas mismas estrategias a lo largo de la vida, aunque ya no sean necesarias. Por ejemplo, si en su día el niño no podía permitirse enfadarse con su cuidador negligente porque entonces este le haría más daño, aprende que enfadarse no es bueno y eso tendrá como consecuencia no protegerse en otras situaciones ni tampoco en su vida adulta. Para él, puede que sentir cualquier emoción ya sea un disparador de malestar ("sentir es peligroso").

Por ejemplo, si la persona aprendió a desconectarse de su cuerpo de manera que deja de sentir emociones, desarrollará un funcionamiento evitativo. Lo malo de eso es que uno no elige de qué desconectarse y normalmente se desconecta de todo.

Muchas de estas personas, cuando les preguntas por su historia de vida, te cuentan una versión idealizada o sin aparente malestar y te dicen frases como: "mi vida fue normal", "no me afecta", "eso ya lo he superado", "mis padres fueron maravillosos", "sé que hicieron lo que pudieron"... Frases que no se corresponden con la sintomatología que se observa en su presente.

Es importante saber ver esas señales o síntomas, que nos tienen que hacer mirar y explorar con curiosidad qué ha pasado en la vida de las personas, ya que, a veces, como ya hemos explicado que se produce en casos de disociación, no recuerdan algunas de las experiencias que les ocurrieron porque su cerebro las disoció y las metió en una cajita para que no dolieran. Así, todo lo que hagamos dirigido a que puedan recordar aquello que les pasó les generará dificultades en su regulación emocional, por lo que tendremos que ayudarlos previamente a tener estrategias de manejo de esas emociones que irán aflorando, así como ayudarlos también a tener un autocuidado adecuado como forma de ir conectando con su propio cuerpo y sus necesidades

Todas las dificultades emocionales hacen que sean personas normalmente poco reflexivas; suelen atribuirse las causas a sí mismas o al exterior sin analizar las causas de lo que ha ocurrido.

Entonces, ¿de qué hablamos cuando hablamos de disociación? Ya hemos visto que la disociación se producirá cuando el sistema viva tantas experiencias o de intensidad tan fuerte que el sistema no puede manejar el daño vivido. Si antes de unos días puede darse un recogimiento que pueda poner sentido, protección, acogimiento emocional, etc., la persona podría asimilarlo (o no). Pero si todo eso no se da, el sistema se puede "romper" y pueden aparecer otro tipo de síntomas más característicos. Estos síntomas serían:

- Desconexión de la realidad: el niño (o el adulto) parece dejar de estar ahí; no está conectado, es como si estuviera ausente. A muchos niños y adolescentes a los que les sucede esto los regañan por estar "empanados", "despistados" o no enterarse de nada, cuando es algo que no pueden evitar y ni siquiera son conscientes de que está pasando.

- Desrealización y despersonalización: en muchas ocasiones viven el entorno como si no fuera real, como si lo estuvieran viendo desde una película, incluso viéndose desde fuera a sí mismos y al entorno. Esto les produce mucho miedo y cuando lo cuentan (si lo hacen) generalmente se toma como un juego, algo "típico de niños".

- Compartimentalización: en ocasiones más graves, el sistema no puede ni siquiera sentirse mejor "separándose" de lo que está viviendo. A veces es necesaria una estrategia de mayor envergadura, la compartimentalización, incluso en el caso de que aún no esté construida la personalidad. Esto implica que la información no es que quede poco accesible, es que, a veces, las personas pierden hasta el recuerdo de lo vivido (amnesia) y funcionan como si no hubiera existido. Esto hace que si lo que se "guardó" es, por ejemplo, un abuso sexual infantil por una persona cercana, se habrán ocultado la información, las sensaciones del abuso, las emociones de miedo y enfado muy fuertes, la traición, etc. porque, como ya hemos comentado. en ese momento no era seguro mantenerlas "visibles". La cuestión es que, además, ese enfado hubiese sido extremadamente peligroso al mostrarse ante alguien capaz de abusar de un menor. Por tanto, el enfado también se guardará a lo largo de la vida del niño y parecerá que se enfada poco, como si tuviera "muy buen carácter". El problema es que, cuando ese enfado salga a la superficie en un momento, seguramente que no esperaba, saldrá con toda su fuerza, aunque la situación no lo requiera, y esto le generará problemas importantes con los adultos o con sus iguales. A veces, después de eso, los menores no recuerdan nada de lo que pasó (la información vuelve a "la cajita") y los adultos castigan, regañan... Y dependiendo de la edad puede ser aún peor: pueden tener problemas con la justicia por algo que no tienen conciencia de haber hecho y no pudieron controlar.

La disociación tiene que tratarla un experto en este tipo de problemas. Incluso un terapeuta de EMDR tiene que ser específico de la edad en la que se esté trabajando (infantil o adultos). Este debe saber trabajar no solo trauma, sino también apego y disociación, y si es necesario, saber sobre adopción para poder hacer un tratamiento adecuado de esta problemática. Será un trabajo largo y delicado, en el que todo el sistema tiene que estar involucrado y trabajar en equipo (el menor o el adulto, los padres si es posible, los profesores si es menor, las instituciones sociales involucradas... por eso es tan importante que hasta desde los sistemas legales conozcan las consecuencias del trauma complejo y la adopción).

Por tanto, haya disociación o no, esta sensación de miedo ante el desconcierto, la inseguridad, la vulnerabilidad, la soledad, etc. activa aún más el sistema límbico, dificulta el desarrollo adecuado del prefrontal y las funciones ejecutivas se ven mermadas. Por eso el menor que ha sufrido trauma temprano y sostenido parece tener un TDAH en su comportamiento (que puede tener, además), pero ya se presentará con dificultades para controlar impulsos y mantener la atención, la concentración, la memoria, la flexibilidad cognitiva, la inhibición de la conducta, la persistencia, etc. Además, para más descontrol, hay otra parte del cerebro que, cuando el sistema se activa, busca la recompensa inmediata, lo que aumenta la impulsividad. Esta zona es el núcleo accumbens y no analiza, solo busca la recompensa inmediata, por lo que hace más complicado el control racional cuando se activa. Todo esto influirá en el desarrollo social y la autoestima.

Cuando hay disociación, a veces no se puede acceder al recuerdo ni a otros aspectos como las sensaciones corporales o las emociones concretas; se producen idealizaciones inadecuadas, etc. Y en personas adoptadas nos podemos encontrar que, a veces, no pueden acceder a su historia previa, que reaccionan ante determinados contactos físicos con rechazo o miedo o que tienen dificultad para vincularse con las nuevas figuras parentales debido, precisamente, a esta historia previa.

2.4.2 Trastornos en la identidad y en la vinculación

Un niño adoptado previamente ha pasado por una situación de separación, más o menos traumática, de sus padres y de otros adultos, algo que inevitablemente vivirá como un abandono, lo que lleva al aprendizaje de "no valgo", "soy rechazable", "hay algo malo en mí". A partir de ahí los niños empiezan a crear su identidad propia y esa será la base desde donde van a aprender a relacionarse con otras personas el resto de su vida.

Por eso, en el momento de adoptar a un bebé/niño/adolescente, es importante entender las diferentes formas en las que esto puede manifestarse, ya que el niño puede volverse desorganizado emocional y físicamente debido al estrés postraumático que puede sufrir, generando, por ejemplo, problemas de insomnio, de autocontrol, de evitar o rechazar cualquier amago de cuidado o entrar en un estado de baja reactividad ante cualquier estímulo.

Otra posible respuesta puede ser la disociación, y a veces se puede ver como un rechazo (incluso agresivo) hacia la madre o el padre, al tiempo que necesita su contacto y afecto, por ejemplo, a la hora de acostarse. Si a esto le sumamos la culpa, la vergüenza, la competencia con posibles hermanos (tanto bioló-gicos como adoptivos) etc., es complicado (no imposible) que estos niños puedan establecer relaciones sanas, por lo que hay que realizar un trabajo importante en esta dirección.

Otra forma muy diferente de evitar entrar en contacto con el miedo al rechazo y, por lo tanto, al abandono y que afecta igual-mente a su manera de relacionarse con los demás es ser extrema-damente complacientes con el otro y ser el "hijo perfecto" para no "generar problemas y que me abandonen", sobre todo en el primer año.

A veces, los padres adoptivos activan la propia historia de recha-zo vivida por los padres adoptivos, lo que dificulta más el vínculo entre ellos. Por eso estos padres también deben preguntarse: ¿qué pasa en mí cuando mi hijo me rechaza?, ¿qué hago con eso que me ocurre?... y si es necesario, acudir a un especialista en trauma, apego y adopción.

2.4.3 Trastornos somáticos y síntomas físicos

A veces lo que no puede expresarse emocionalmente lo hace en forma de trastornos somáticos o problemas físicos, que suelen ser muy inespecíficos y son la manera en la que el daño puede dejarse ver cuando no ha habido una capacidad previa de manejo emocional. Son casos en los que se pueden producir cegueras, sorderas, parálisis de algún miembro del cuerpo, ronchas en la piel, picores en las zonas genitales, incapacidad para hablar... No son explicables por ninguna otra causa médica y suelen ir asocia-dos al trauma.

2.4.4 Adicciones, autolesiones, conductas de riesgo (prostitución, drogas)

El trauma es la puerta de entrada a las adicciones, autolesiones y otras conductas de riesgo como la prostitución o las drogas, entre otras. Es importante entender la función de estas conductas, ya que son el resultado de procesos emocionales que se están dando "por debajo".

Es la solución que encuentra el individuo para un malestar muy intenso, que suele tener de fondo una inmensa sensación de vacío, abandono, vergüenza y falta de pertenencia, sobre todo en el caso de la población adoptiva.

2.5 EL PAPEL DE LOS PROFESIONALES Y ADULTOS REFERENTES

El trabajo no recae únicamente sobre la familia adoptiva. Estos niños necesitan de un sistema comprensivo con ellos, con sus historias, con sus traumas y que entienda las manifestaciones de ello. Es esencial que los profesionales que los rodean tengan una formación y visión del trauma. Desde el médico que le pide al niño que se quite la camiseta hasta el abogado que está juzgando a un menor por un delito de robo o de cualquier otra índole. Observar las señales e interpretarlas desde una mirada de trauma ayudará a dar un sentido a lo que pasa.

Para el médico

Consejos clave: Mire más allá del síntoma físico.

A veces el cuerpo no puede evitar sacar cierta sintomatología y no es que no sea verdad o que el niño se lo invente, sino que puede ser algo emocional que aparece cuando el niño no se siente bien. Los niños con trauma temprano pueden presentar síntomas físicos que enmascaran sufrimiento emocional: dolor abdominal, vómitos, tics, trastornos del sueño. Escuchar su historia y observar el contexto puede ser muy terapéutico de por sí.

En el discurso de un menor con trauma veremos recuerdos fragmentados, amnesia, desconexión emocional o desbordamiento y contradicciones en lo que dice y en su discurso. Hay que tener la misma mirada hacia el niño hiperactivado que cuenta su historia que hacia el que está desconectado y nos habla desde la lógica.

Para el abogado o juez

Consejo clave: La estabilidad emocional pesa tanto como la legal.

Un entorno adecuado para un niño no siempre coincide con su árbol genealógico. El trauma temprano puede alterar profundamente la capacidad de los adultos de ofrecer cuidados. La rapidez en la toma de decisiones debe equilibrarse con la comprensión profunda del daño emocional y de lo que realmente permite sanar a un menor.

Hay que tener en cuenta que el trauma desorganiza el discurso y el recuerdo ayudará a ver las faltas de coherencia como señales de trauma y no como falta de veracidad.

Los niños con trauma necesitan de un entorno seguro para hablar, explorar, hacer nuevas relaciones, controlar sus impulsos, etc., por lo que es primordial establecer con ellos relaciones lo más estables y duraderas posible.

Si un profesor tiene un niño con conductas disruptivas que "solo le da problemas" y se limita a castigarle, estará perpetuando el problema de base; pero si es capaz de ver que el niño está reaccionando ante las relaciones con sus compañeros porque uno prefiere jugar con su otro amigo y él se siente rechazado y, a su vez, eso le hace entrar en un estado de ira que poco tiene que ver con el niño que no quiere jugar con él, sino con su propia historia, podrá ayudar al menor de una manera absolutamente diferente a si solo se limita a castigarle y expulsarle de clase, lo que le convertirá en "el niño problemático".

Para el docente

Consejo clave: Lo que parece desobediencia puede ser protección.

Muchos niños con historias de trauma no han aprendido que el mundo es seguro. Su comportamiento desafiante o evasivo es en realidad una forma de supervivencia y la única manera en la que saben funcionar, no saben hacerlo de otra manera. No están probándole, están protegiéndose. La consistencia, calma y empatía del docente pueden no solo darles un modelo diferente, sino cambiar su vida, e intentar poner palabras a lo que les está pasando les ayudará a dar un sentido a lo que les está ocurriendo.

2.6 CÓMO ACOMPAÑAR DESDE LA COMPRENSIÓN

Acompañar desde la comprensión es el inicio de una buena relación. Aquí empezaría diciendo que el amor no todo lo cura; sí lo necesitan, pero a veces puede ser el desencadenante de reacciones contrarias a las que se desean, ya que activan experiencias de cuidado-abandono tempranos en los niños. Los padres adoptivos deben comprender que son ellos los que deben ajustarse a las necesidades del niño y adaptarse a sus capacidades emocionales. Querer establecer un vínculo emocional muy íntimo con el niño antes de tiempo puede hacer que se alargue el tiempo hasta lograr la conexión, es preferible estar a la distancia emocional que el niño pueda tolerar, que será donde se sienta seguro, e ir avanzando poco a poco. Ayudar a calmar el miedo y favorecer el vínculo permitirá integrar normas y límites desde la autorregulación y no desde la imposición y el miedo.

Para la familia extensa

Consejo clave: No espere un "niño agradecido", espere un niño herido.

Los niños adoptados a menudo no saben cómo recibir amor ni cómo confiar en él. A veces lo rechazan para protegerse. Esto no significa que no lo necesiten. Intente construir un vínculo con ellos desde la paciencia y el cariño, sin esperar lo mismo a cambio.

Para el educador social

Consejo clave: La relación es la herramienta.

Los niños necesitan relaciones auténticas; confían más en lo que usted hace que en lo que dice. Necesitan saber que no los abandonará aunque le desafíen.

3

NEURODESARROLLO Y ADOPCIÓN

José Ramón Gamo y Francisco Javier Solís Olmos

3.1 INTRODUCCIÓN

Este capítulo, a través de una revisión bibliográfica de diversos estudios sobre el desarrollo cerebral en contextos de adopción, explora cómo el neurodesarrollo influye en la conducta, el desarrollo emocional y los procesos de aprendizaje. En las personas adoptadas, dicho desarrollo puede estar condicionado tanto por factores prenatales como postnatales. Conocer esta realidad puede ser de gran utilidad para las familias, ya que les permite comprender e intervenir de manera más adecuada ante posibles dificultades presentes o futuras.

La evidencia científica destaca la notable sensibilidad del neurodesarrollo a los acontecimientos ocurridos durante la gestación, a los primeros momentos de vida y a los factores genéticos heredados. En los procesos de adopción, las familias no siempre disponen de información completa sobre el historial del niño o la niña. Contar con una comprensión más amplia de esta realidad puede facilitar la detección temprana de posibles dificultades y favorecer una intervención más adecuada.

Más allá de las posibles dificultades, los estudios muestran un amplio consenso respecto al gran valor de la adopción como medio de recuperación y mejora, así como respecto a su capacidad para promover un desarrollo socioemocional y cognitivo adecuado.

3.2 EL DELICADO CEREBRO DEL BEBÉ Y LA IMPORTANCIA DE LOS PRIMEROS AÑOS EN SU NEURODESARROLLO

Para entender las dificultades en el desarrollo de algunos niños adoptados, es esencial conocer cómo influyen los **primeros momentos de vida** en su cerebro.

Los bebes nacen en situaciones de necesidad plena de cuidado y atención por parte de sus progenitores y cualquier circunstancia que impida que se beneficie de esos cuidados ineludibles iniciales puede afectar a su neurodesarrollo y explicar dificultades que se observan al crecer. El hecho de que estos riesgos existan no implica que siempre se materialicen, pero sí representan factores de vulnerabilidad que deben ser considerados.

El cerebro humano adulto contiene unas 100 000 millones de neuronas y la mayoría están presentes al nacer, formadas en los tres primeros meses de gestación. Y, sin embargo, dos regiones siguen generando células de forma significativa tras el nacimiento: el cerebelo y el hipocampo (Blakemore *et al.*, 2016). Además, el cerebro experimenta cambios de organización a lo largo de su desarrollo, en concreto a nivel de redes neuronales, conjunto de dendritas y sinapsis (conexiones entre neuronas).

Después del nacimiento, el cerebro produce un número de sinapsis superior al que finalmente utilizará. Este exceso de conexiones sinápticas permite, con el tiempo, seleccionar aquellas que resultan funcionales para la adaptación al entorno. Este proceso de eliminación selectiva, conocido como "poda neuronal", es tan esencial para el desarrollo cerebral como la creación de nuevas conexiones.

Los estudios de neuropsicología han constatado que las experiencias tempranas, negativas y positivas, tienen un impacto significativo y por eso es fundamental la estimulación durante los primeros años de vida, en los que el cerebro es más flexible y está a la expectativa de la adaptación más optima y que facilite la supervivencia.

La actividad física, el juego y el contacto social desempeñan un papel fundamental en el neurodesarrollo, ya que proporcionan una estimulación neuropsicológica clave para la formación de sinapsis. Las habilidades motoras se desarrollan y fortalecen a través de la práctica constante y la repetición, lo que favorece la creación de redes neuronales y, con ello, la consolidación de dichas habilidades. Son entendibles, por tanto, los riesgos que supone nacer o encontrarse en un entorno que limite estas posibilidades.

El crecimiento de las dendritas en las neuronas, junto con la rápida formación de sinapsis a lo largo de ellas, da lugar a un proceso conocido como sinaptogénesis, el cual ocurre durante un periodo limitado. Este notable desarrollo cerebral es resultado de la maduración morfológica de las células neuronales y del proceso de mielinización de los axones, un mecanismo esencial para la maduración del cerebro humano. Todo ello se ve favorecido por una interacción adecuada con el entorno (Martínez Morga y Martínez Pérez, 2017).

Por consiguiente, los circuitos neuronales finales, que son la base de las capacidades funcionales del cerebro, resultan condicionados por la experiencia personal y la exposición al medio. Esta plasticidad es clave durante la infancia, etapa en la que se identifican los llamado períodos críticos de desarrollo, que son momentos específicos de elevada neuroplasticidad donde se facilita la organización estructural de las conexiones neuronales en circuitos especializados, que serán clave en el neurodesarrollo y procesos de aprendizaje (Martínez Morga y Martínez Pérez, 2017).

Si en estos periodos críticos el niño recibe poca estimulación y, además, está expuesto a situaciones perjudiciales y difíciles (como las que se pueden dar antes de su adopción), esto puede afectar seriamente a su cerebro y explicar las diversas neuropatologías frecuentes en esta población.

Por ejemplo, investigaciones realizadas en orfanatos en Rumania han revelado que los niños que permanecieron en estas instituciones durante un periodo de ocho meses o más presentaban, a los 11 años, un neurodesarrollo anómalo y alteraciones conductuales, en contraposición a aquellos niños que fueron adoptados antes de los cuatro meses de vida (Rutter *et al.*, 2007).

La experiencia clínica ofrece evidencia clara sobre la manifestación de sintomatología en casos donde el neurodesarrollo ha sido alterado por diversas condiciones. En estas situaciones, no se observan los mismos patrones evolutivos, el pronóstico suele ser menos favorable y los tiempos de intervención tienden a prolongarse. Esta comparación resulta especialmente útil al contrastar con grupos que presentan trastornos del neurodesarrollo sin antecedentes de exposición a factores que hayan comprometido las primeras etapas del desarrollo neurológico.

3.3 FACTORES DE RIESGO ANTES Y DESPUÉS DE LA ADOPCIÓN

La literatura científica ha evidenciado que los niños adoptados que han estado expuestos a condiciones adversas antes de su adopción, como la privación de un entorno estimulante, el abuso o la desnutrición, tienden a presentar con mayor frecuencia conductas problemáticas y un desarrollo cognitivo deficiente. No obstante, es importante señalar que no todos los niños adoptados experimentarán dificultades posteriores. Se han identificado ciertas variables que pueden actuar como indicadores tempranos de riesgo, aunque también se han documentado numerosos casos de menores que, a pesar de haber atravesado situaciones extremadamente difíciles, no han manifestado problemas significativos en su desarrollo posterior.

En general, se identifican como principales factores de riesgo la edad de adopción, el país de procedencia, la existencia de patologías previas, el consumo de tóxicos durante el embarazo, el historial de abusos, la malnutrición y el abandono precoz (Muela *et al.*, 2003).

La edad de adopción influye directamente en el tiempo durante el cual el niño ha estado expuesto a situaciones perjudiciales, como un déficit nutricional, infecciones frecuentes, la falta de estímulos y afectividad. Muela *et al.*, en 2003, mencionando a Castaño (2002), exponen como las consecuencias de esta exposición en su sistema nervioso dependerán de como se mantengan los mecanismos neuronales que posibilitan la plasticidad y la reorganización una vez que se les proporcionen los estímulos y apoyos necesarios.

Adoptar en edades tempranas favorece el vínculo afectivo y permite intervenir a tiempo sobre posibles daños derivados de experiencias adversas. Estos daños físicos, emocionales o neurológicos pueden ser parcialmente reversibles en los primeros años de vida gracias a la plasticidad cerebral. Sin embargo, en niños mayores, esa capacidad de recuperación disminuye notablemente, por lo que una intervención precoz es clave para su evolución (Muela *et al.*, 2003).

Existe una amplia literatura que vincula la ingesta de drogas por parte de la madre biológica durante el embarazo, la falta de estimulación en instituciones y un historial marcado por negligencia, maltrato y cambios constantes con la aparición de síntomas de inatención e hiperactividad en niños adoptados internacionalmente. Asimismo, estos factores se asocian al desarrollo de diversas patologías y a un neurodesarrollo inadecuado (Martín Fernández-Mayoralas *et al.*, 2015).

Son muchos los estudios que sugieren que nacer con bajo peso, haber sufrido desnutrición, la exposición prenatal al alcohol y la experiencia de negligencias o abusos son, entre otros, factores que impactan negativamente en el desarrollo de habilidades cognitivas como la memoria de trabajo, el control atencional, la planificación y la secuenciación en la infancia.

El cambio lingüístico y cultural que conlleva la adopción internacional constituye un factor relevante en el desarrollo del lenguaje. Diversos estudios sugieren que, si bien la mayoría de los niños adoptados adquiere el nuevo idioma sin mayores dificultades, muchos de ellos pueden presentar algún tipo de trastorno del lenguaje (Aramburu, 2014).

Se han identificado diferencias en los retrasos del desarrollo y los problemas de salud según el país de origen del niño. Según Miller (2005), los menores procedentes de Europa del Este presentan una mayor afectación en este sentido. Estos niños tienden a mostrar con mayor frecuencia problemas neurológicos y una mayor vulnerabilidad al Síndrome de Alcoholismo Fetal (SAF), lo que incrementa el riesgo de dificultades en la conducta y en la formación de vínculos afectivos.

Aunque se relaciona el consumo de alcohol en el embarazo con niños adoptados de países de Europa del Este, la práctica clínica revela casos de menores de adopción nacional y de países asiáticos o americanos con perfil compatible con SAF.

La suma de estos factores negativos puede afectar el desarrollo de los niños. En cambio, contar con factores protectores puede ayudar a mitigar los efectos dañinos del riesgo, facilitando así la recuperación (Rutter, 1990). Por ello, la adopción es en sí misma un elemento de gran potencia terapéutica y protectora.

Las situaciones que a continuación se exponen no surgen por defecto en los niños y niñas que han sido adoptados; no obstante, diversos estudios proponen de forma homogénea varias circunstancias sobre el neurodesarrollo que pueden identificarse en aquellos niños que presentan dificultades y que de forma adicional provienen de un contexto de adopción.

Como comentan en su revisión García-Ron y Sierra-Vázquez (2010), los problemas de desarrollo psicomotor son una dificultad que se observa con regularidad en estos niños y que se agudiza en función del tiempo vivido en el orfanato. Estas necesidades especiales deben ser atendidas de manera temprana a través de rehabilitación a la llegada al nuevo entorno familiar a través de terapias de atención temprana y rehabilitación psicomotora.

Según Muela et al. (2003), los problemas de aprendizaje pueden no manifestarse de forma inmediata, sino aparecer posteriormente, especialmente al comenzar la educación reglada. En estos casos, suele observarse un patrón caracterizado por un control atencional deficiente, dificultades en el razonamiento visoespacial y un cociente intelectual por debajo de lo esperado, entre otros indicadores. Diagnósticos como TDAH, TEL, dislexia o discalculia son relativamente frecuentes en niños adoptados cuando se evidencia un bajo rendimiento académico. Ante estas situaciones, resulta fundamental realizar evaluaciones neuropsicológicas exhaustivas que permitan identificar con precisión los perfiles neurocognitivos y diseñar intervenciones ajustadas a las necesidades individuales del menor.

Los retrasos a nivel psicolingüístico son muy frecuentes, aunque la evolución posterior no se conoce todavía con exactitud. Problemas durante el embarazo como la exposición a alcohol y diversas circunstancias perinatales contribuyen a la aparición de dificultades en el desarrollo del lenguaje. Infecciones recurrentes en oídos o vías respiratorias no adecuadamente intervenidas pueden amplificar las dificultades en el lenguaje, o generarlas en los casos más graves. Asimismo, los orfanatos carecen de múltiples aspectos que son necesarios para un adecuado desarrollo lingüístico y que, por lo tanto, conducen a la hipoestimulación (Muela *et al.*, 2003).

Hay coincidencia en la literatura científica en exponer, como plantea Verhulst (1990), una incidencia elevada de problemas de conducta y desarrollo en menores adoptados, especialmente entre los adolescentes tempranos. Se observa una alta prevalencia de TDAH y un desempeño deficiente en habilidades sociales y rendimiento académico. Martín Fernández-Mayoralas *et al.* (2015), mencionando a Abrines *et al.* (2012), señalan que la prevalencia del TDAH en niños que han sido adoptados es muy superior a la de la población general, del 25-50%.

Se ha observado que los trastornos del comportamiento y de la comunicación con características similares al espectro autista son más frecuentes y evidentes en niños adoptados procedentes de Europa del Este. Entre los síntomas más comunes se encuentran el aislamiento, respuestas emocionales atípicas, conductas autoagresivas, evitación del contacto social y un desarrollo deficiente de las habilidades comunicativas, tanto verbales como no verbales (Muela *et al.*, 2003).

Los problemas psicológicos son comunes en algunos niños y niñas adoptados, especialmente durante la adolescencia, una etapa caracterizada por la búsqueda de identidad. Estas dificultades pueden intensificarse cuando existen marcadas diferencias culturales o de origen con respecto al país de adopción (Sánchez-Sandoval y Palacios, 2012).

Asimismo, muchos problemas psicológicos, como los trastornos de la personalidad, suelen manifestarse por primera vez durante la adolescencia. En términos generales, diversos estudios indican que las condiciones previas a la adopción pueden tener un impacto más significativo en la adaptación posterior que la edad a la que el niño o la niña llega al nuevo país.

Este último aspecto resulta especialmente relevante, ya que no puede pasarse por alto la elevada probabilidad de que, en casos de adopción con antecedentes de dificultades tanto prenatales como postnatales, existan psicopatologías con un componente genético. Aunque el entorno actual sea protector, estas condiciones pueden emerger más adelante y dar lugar a dificultades y problemas de adaptación.

3.4 DIFICULTADES DERIVADAS DE LA FALTA DE ESTIMULACIÓN

Como comentan en su revisión María *et al.* (2017), la ausencia parental en los primeros años de vida puede generar repercusiones psicológicas y neurológicas. Durante los primeros meses de vida, el vínculo afectivo es fundamental para el neurodesarrollo. John Bowlby, en 1954, a través de su teoría del apego, describió las consecuencias de la separación entre progenitores e hijos durante los primeros años de vida. Tanto en estudios con humanos como en experimentos con primates, se observaron conductas atípicas como balanceo repetitivo, autolesiones, comportamientos compulsivos y aislamiento social. Estos hallazgos apuntan a una relación entre la falta de vínculo temprano y la posible aparición de conductas alteradas.

Como exponen Rutter y O'Connor (2004), cuando la adopción ocurrió después del primer año de vida, se han apreciado patrones de apego inseguro. Según la teoría del apego, es en ese primer año cuando el niño necesita establecer una sensación de confianza básica con un adulto que lo proteja para poder formar un apego seguro Bowlby (1969). La separación temprana y la experiencia de vida en instituciones, donde la **riqueza** de las interacciones entre los niños y sus cuidadores suele ser limitada, afectan negativamente al desarrollo posterior de vínculos basados en un apego seguro.

El apego seguro desempeña un papel fundamental en los procesos de aprendizaje, ya que favorece la estimulación neuropsicológica y, en momentos de dificultad, facilita la puesta en marcha de mecanismos de compensación neurocognitiva.

Sin embargo, no todos los niños que crecen en entornos institucionales resultan afectados de la misma forma. Existen múltiples factores que pueden diferir de una persona a otra (María *et al.*, 2017). Dentro del grupo de niños adoptados, es posible identificar a aquellos que presentan dificultades cognitivas y psicológicas significativas como consecuencia de experiencias adversas en su historia personal. No obstante, también hay niños que muestran un rendimiento académico adecuado e incluso sobresaliente.

Igualmente, el perfil que se ha ido detectando, en el que se aprecian dificultades en los procesos de aprendizaje, ha llevado a realizar planteamientos que intentan dar explicación a una realidad repetida en parte de la población de niños adoptados con evidencias de haber experimentado problemas antes y después del nacimiento.

Tal como expuso Boris Gindis en 2001, en algunos niños adoptados, la correlación entre el nivel cognitivo, el desarrollo del lenguaje y el rendimiento académico no siempre se corresponde con el grado de apoyo proporcionado por sus padres adoptivos y otros profesionales. Estos niños adoptados pueden padecer lo que se denomina Déficit Cognoscitivo Acumulativo (DCA), que es una denominación planteada previamente por el psicólogo M. Deuchst en 1960. La teoría que sustenta el déficit acumulativo sugiere que aquellos niños que no tienen acceso a experiencias cognitivas enriquecedoras y estimulantes durante los primeros años de sus vidas pueden tener menos capacidad para adaptarse a su entorno, debido a un neurodesarrollo inadecuado.

Los estudios de Boris Gindis destacan características clave en algunos niños adoptados, tales como la ausencia de un lenguaje estructurado, déficits en habilidades cognitivas que no se corresponden con su edad cronológica y dificultades significativas en la autorregulación tanto cognitiva como conductual, además de un desarrollo intelectual comprometido. A ello se añade un bajo rendimiento en tareas que requieren un esfuerzo cognitivo prolongado, lo cual, en algunas ocasiones, ha sido erróneamente interpretado como dificultades de memoria o de atención. Esta situación también se manifiesta en un desequilibrio constante entre las capacidades del niño y las exigencias del entorno escolar. En conjunto, este perfil puede dar lugar a un amplio espectro de dificultades de aprendizaje, acompañado por una autorregulación conductual deficiente.

No obstante, es importante señalar que, aunque esta hipótesis cuenta con un respaldo coherente basado en los datos disponibles, el Déficit Cognoscitivo Acumulativo (DCA) no está reconocido actualmente como una categoría diagnóstica oficial.

3.5 ESTUDIOS SOBRE EL RENDIMIENTO NEUROPSICOLÓGICO TRAS LA ADOPCIÓN

Diversos estudios han identificado que, en la población de niños adoptados, existen retrasos en el lenguaje, el razonamiento y el pensamiento matemático, así como una mayor incidencia de dificultades en los procesos de aprendizaje en términos generales. Se ha observado que los niños adoptados después del primer año presentan un rendimiento académico inferior en comparación con aquellos adoptados antes de cumplir un año (Rutter *et al.*, 1998, 2004). Por ello, los menores adoptados suelen requerir con mayor frecuencia apoyo en educación especial y la intervención de profesionales en neurodesarrollo para compensar las dificultades académicas detectadas (Juffer *et al.*, 2011).

Con respecto a los datos de España, un estudio de Palacios *et al.* (2007) indicó que, al llegar al país, el 52 % de los niños adoptados internacionalmente presentaba retrasos evolutivos importantes, que incluyen dificultades en áreas como la comunicación y la inteligencia. En cuanto a la recuperación tras la adopción, la mayoría de los menores adoptados a una edad temprana (antes de los 4 años) obtiene resultados similares a los de sus pares. Sin embargo, en los casos en que la adopción se produce después de los 4 o 5 años, aproximadamente el 50 % alcanza puntuaciones de coeficiente intelectual comparables a las de sus iguales de referencia, mientras que alrededor del 40 % presenta dificultades cognitivas (Palacios *et al.*, 2007).

Según Juffer *et al.* (2011), al comparar a niños adoptados con niños no adoptados, se ha evidenciado que los primeros tienden a presentar con mayor frecuencia problemas de tipo exteriorizado, como la agresividad, en comparación con los problemas interiorizados, tales como la ansiedad, el miedo o la depresión. Estos resultados también se han replicado en España, de acuerdo con los datos de Palacios *et al.* (1996, 2007) y Juffer *et al.* (2011), donde se observa que los problemas de comportamiento son más comunes entre los niños y niñas adoptados, tanto en adopciones nacionales como internacionales, siendo nuevamente más prevalentes los problemas exteriorizados que los interiorizados.

Los tratamientos neuropsicológicos pueden ser altamente eficaces en niños con dificultades de aprendizaje, ya que facilitan la recuperación funcional necesaria para una mejor adaptación al entorno. En los casos en que se detectan dificultades en el neurodesarrollo o existen sospechas fundadas de su presencia, la estimulación neurocognitiva resulta especialmente recomendable durante las primeras etapas del desarrollo. Además, es fundamental que este entrenamiento se mantenga a lo largo del tiempo para maximizar sus beneficios, dado que algunas funciones cognitivas ya han emergido, mientras que otras están en proceso de desarrollo. Por ello, la intervención debe prolongarse durante todo el neurodesarrollo, hasta la llegada a la primera juventud.

3.6 LA ADOPCIÓN COMO UNA AYUDA PROTECTORA Y EFICAZ

Según Juffer *et al.* (2011), los niños y niñas adoptados muestran una notable mejora en todos los aspectos del desarrollo en comparación con aquellos que permanecen en instituciones y no han sido adoptados.

Teniendo en cuenta las dificultades previas que pueden existir en situaciones de adopción, encontrar resultados que apoyan la recuperación en diversas áreas sugiere que la adopción es una estrategia efectiva para aquellos que parten de esa situación. De esta forma, parece que, si no hubiera existido la adopción, se encontrarían en situación similar a la de aquellos que no tuvieron la misma oportunidad.

A pesar de la falta de datos concluyentes, las situaciones de riesgo previamente expuestas, si no son abordadas de forma adecuada, pueden desembocar en escenarios de alta vulnerabilidad una vez alcanzada la mayoría de edad o en ausencia de apoyos y cuidado.

Es de gran importancia que las familias conozcan los antecedentes en base a las posibles dificultades previas. Como hemos visto a lo largo de este capítulo, la edad, el momento de la adopción, la patología prexistente, el consumo de tóxicos, etc. afectan de forma importante al neurodesarrollo y a la adaptación contextual.

En este capítulo se ha enfatizado el papel fundamental del neurodesarrollo durante los primeros momentos de la vida. Comprender este proceso en profundidad nos permite interpretar mejor el origen y la persistencia de ciertas problemáticas que pueden manifestarse en etapas posteriores como la adolescencia.

La práctica clínica confirma la importancia de contar con datos fiables sobre los factores que pudieron influir en los primeros meses de vida, incluyendo el embarazo. Sin embargo, esta experiencia clínica también evidencia la gran labor humana que representa la adopción, una tarea que no debe verse relegada por la falta de recursos.

4

LA TRAUMATERAPIA ECOSISTÉMICA EN POSTADOPCIÓN

José Luis Gonzalo Marrodán, Cristina Herce Sellán y Maryorie Dantagnan Dantagnan

4.1 LA TRAUMATERAPIA ECOSISTÉMICA

Presentamos una propuesta de trabajo para jóvenes adoptados a partir de los dieciocho años (o cerca) en adelante, que se encuentran en una situación postadoptiva en la que necesitan guía y acompañamiento por parte de profesionales emocionalmente significativos y dispuestos a vincularse con ellos. Su base de cuidados (familia u otra), por diferentes causas, está debilitada o ausente sobre todo en los roles de seguridad y apoyo emocional. La casuística es diversa: pueden ser chicos que viven con sus familias adoptivas y tienen las necesidades físicas cubiertas, pero por conflictos no resueltos se ha producido un distanciamiento y/o un rechazo que hace que no reciban el apoyo que necesitan y el riesgo de inadaptación social sea alto porque carecen de alternativas constructivas. Pero también pueden ser jóvenes que viven solos o en pisos compartidos y no tienen el apoyo psicosocial —o del que disponen no es confiable para ellos— suficiente como para afrontar los problemas y desafíos de la vida. Precisan, dados sus antecedentes de trauma en el desarrollo, figuras adultas fuertes y sabias que les puedan ofrecer un vínculo estable y una guía para poder aprovechar y utilizar los recursos sociales y comunitarios existentes.

41

Nuestro planteamiento no se basa en proponer espacios de psicoterapia individual o familiar porque este tipo de intervenciones, o bien ya se han hecho y no han dado fruto, o bien los jóvenes y los adultos no están ni en disposición ni con motivación para hacerlas. Además, no suele existir una base familiar de suficiente seguridad —incluso, a veces, está rota— que permita hacer este trabajo. Por otro lado, dada la edad de los jóvenes, estos precisan de un sostén individual que promocione su propio proceso resiliente. Se trata de ayudarlos a encontrar puntos de apoyo en los profesionales que los acompañan y en los recursos externos sociales y comunitarios; y también en los internos que los propios jóvenes puedan tener o desarrollar.

En el modelo de ®Traumaterapia sistémica en *sala de valientes* o sala de terapia psicológica entendemos por «la Base» a quienes, familia o no, se responsabilizan del cuidado de la persona menor de edad y sobre los que descansa el proceso de intervención (ver Figura 1.1). Como vemos, se plantea un proceso terapéutico siguiendo un principio de orden neurosecuencial, abordando los tres bloques de trabajo terapéutico utilizando la metodología de la traumaterapia. Se pueden tener sesiones individuales (o individuales/diádicas, es decir, sesiones con la persona menor de edad y con su referente, padres u otros), siempre y cuando la Base de cuidados (los padres u otros) presente suficiente competencia parental y el contexto apoye la medida de tratamiento y también colabore y sea fuente de ayuda.

Para que un niño o joven pueda participar en una traumaterapia en sala de terapia o de valientes, se precisa del acompañamiento del profesional psicólogo/psicoterapeuta que hace el trabajo de aplicación de los contenidos de los tres bloques de acuerdo con la tabla metodológica de intervención; pero, sobre todo, se necesita un contexto familiar (o de referentes adultos si el chico se encuentra en otro recurso de crianza, como un centro de acogida) que haga las labores de co-terapia para lograr que este avance en los objetivos de los mencionados tres bloques. (Ver Figura 1.1).

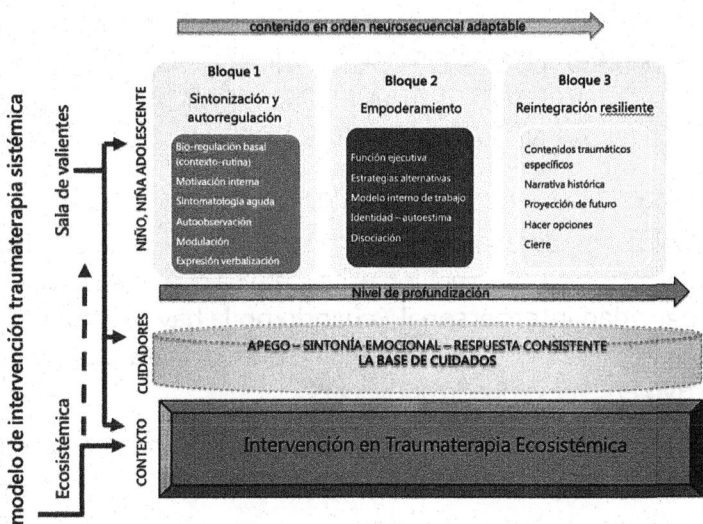

Figura 1.1 Modelo de intervención en Traumaterapia sistémica® de Barudy y Dantagnan.

Cuando no se dan estos requisitos, comenzar con una traumaterapia en *sala de valientes* no es recomendable e incluso puede ser perjudicial, porque el joven precisa de sus defensas psicológicas para sobrevivir en un entorno inseguro y que percibe como amenazante, y que le reactiva las reacciones aprendidas frente al trauma (lucha, huida, bloqueo o disociación).

Cuando esto no puede hacerse porque no se dan las condiciones, la traumaterapia ecosistémica cobra todo el sentido porque su finalidad es la de co-construir con el joven una mínima base segura funcional y emocional. Y también hay que asegurar que este pueda tener, además de un acompañamiento afectivo, una estructura que garantice que sus necesidades básicas mínimas para construir un proyecto de vida (laboral, social, de acceso a recursos sanitarios, ayudas sociales, para la vivienda...) puedan cubrirse.

4.2 UNA PROPUESTA DE APLICACIÓN DE LA TRAUMATERAPIA ECOSISTÉMICA CON JÓVENES ADOPTADOS

4.2.1 Marcos teóricos en los que se sustenta

La finalidad fundamental, como ya se ha dicho, es la de proporcionar un tipo de intervención ecosistémica que ofrezca una **base de seguridad interpersonal (cuando no la hay o es mínima)** al joven y tratar de co-crear con él un **contexto vital sano y constructivo** en el que pueda apoyarse.

Este tipo de traumaterapia ecosistémica se fundamenta en los siguientes marcos teóricos:

- **El concepto de resiliencia primaria y secundaria.** (1)

- **Tutor de resiliencia.** La resiliencia secundaria sería la que se puede desarrollar aunque no se cuente con una experiencia de apego suficientemente segura. Cuando se sufren experiencias duras como el abandono, la negligencia, el maltrato, las pérdidas de seres queridos u otro tipo de traumas, sobre todo a edades tempranas, gracias a personas (o experiencias significativas) y entornos de apoyo y sostén se pueden obtener los recursos necesarios para rehacerse de las adversidades de la vida. (2)

- **Estudios de investigación sobre resiliencia.** Los puntos de apoyo en figuras adultas maduras y estables y/o en experiencias positivas a lo largo del tiempo han demostrado que favorecen un proceso resiliente en los niños y adolescentes a largo plazo. (3)

4.2.2 Principales componentes

- Esta propuesta se la hemos ofrecido a chicos adoptados (+17 años) y a jóvenes de centros de acogida que están a un año de cumplir la mayoría de edad.

- Es necesario contar con dos profesionales (si es posible un educador/a y un/a psicoterapeuta (psicólogo/a) con habilidades para relacionarse interpersonalmente.

- A los profesionales no debe de darles miedo entrar en intimidad emocional y vincular. Hay que involucrarse, es la clave del éxito: el chico debe sentir que se le acepta e importa (no tanto que le amamos).

4.2.3 Metas en las que se centra

Metas en cuanto a contenidos y recursos:

- Atender prioritariamente a las necesidades físicas.

- Atender a las necesidades de salud mental.

- Atender a las demandas o peticiones de ayuda que el joven pueda lanzar (a veces soterradamente o expresadas en su conducta; hay que aprender a leer sus estados internos).

Para ello:

- Se establece un calendario de sesiones.

- Se le proporcionan medios (direcciones, lugares, acompañamiento físico si es preciso...) para tratar de conseguir las metas acordadas.

- Se le facilitan contactos de personas que puedan apoyar la consecución de los objetivos.

Metas en cuanto a la relación (posibilidad de entretejer un vínculo resiliente):

- Proporcionarle escucha, empatía y compasión (nuestro sentir cuando las cosas no son como deberían o como él quisiera).

- No discutir ni imponer las metas en cuanto a contenidos, aun cuando el joven niegue problemas evidentes. Mostrar nuestra curiosidad y POSTURA MENTALIZADORA. (4)

- Buenas dosis de paciencia, perseverancia y permanencia.

- Apelar a la colaboración con él o ella, al cómo lo hacemos, cómo podemos construirlo juntos... El vínculo se irá construyendo poco a poco y al principio es mejor apelar al sistema de colaboración social que al apego.

Metas en cuanto a la búsqueda de sentido:

- Espontáneamente, se pueden propiciar conversaciones SOLO si el chico o chica lo pide —o surgen— y está cómodo sobre sus emociones, su dura historia, su modo de ver el mundo...

- También pueden explorarse otras posibilidades que den sentido a su vida. Muchas víctimas desean hacer el bien, sienten la NECESIDAD de ayudar a los otros. O cuando va emergiendo el fenómeno de la resiliencia conectan con el propósito de transformar el dolor en belleza o algo constructivo.

4.2.4 Características de los profesionales

Características de los profesionales como tutores de resiliencia (5):

- Presencia junto al sujeto.

- Aceptación fundamental, entendida como aceptación del ser del otro. Esto significa *aceptar* a la persona, aunque no se toleran todas sus conductas, por supuesto.

- Capacidad de estar en una relación. El profesional sobre todo escucha y VALIDA LA EXPERIENCIA INTERNA del joven, aunque no esté de acuerdo con los argumentos o su postura.

Como buenos tutores de resiliencia (2), se tiene presencia junto al joven (ha de sentirla), pero los profesionales no esperan nada en particular. (5) (6) (7)

4.2.5 Duración

No hay una duración determinada, el lazo que se va creando (vínculo) es lo que dará sentido a las reuniones.

4.2.6 Perfil de jóvenes que pueden participar

Jóvenes que no presenten un trastorno antisocial u otros rasgos de personalidad que afecten severamente a la mentalización y empatía básicas. Estos no remiten con las intervenciones (esto es, rasgos altamente incapacitantes para aprovechar genuinamente los encuentros). (8)

4.2.7 Estructura de una sesión tipo

Dura más o menos una hora (puede que menos en función del estado de salud del joven).

Se estructura orientativamente así:

- Interesarse por el joven.

- Revisar sus necesidades.

- Siempre hay que rodear al joven de una sensación de apoyo e interés genuino, que es lo que le va a nutrir e irá favoreciendo un proceso resiliente.

- Despedirse y programar otra sesión.

- La palabra *sesión* no implica necesariamente que deba hacerse en un contexto de consulta de psicoterapia, sino que puede ser en otro espacio, procurando que sea siempre el mismo.

4.3 LOS GRUPOS DE FAMILIAS ADOPTIVAS CON HIJOS MAYORES DESDE LA TRAUMATERAPIA ECOSISTÉMICA

Desde el enfoque ecosistémico, se reconoce que criar a niños, niñas y adolescentes que han vivido trauma del desarrollo supone una tarea especialmente exigente. Para afrontarla, las familias adoptivas requieren desarrollar competencias adicionales, que fueron conceptualizadas por Barudy y Dantagnan como *parentalidad terapéutica*.

En el año 2003, el Centro Lauka inició una colaboración con la asociación Ume-Alaia Gipuzkoa para trabajar el tema de los orígenes en la adopción, dando lugar a la formación de grupos de acompañamiento como parte del Programa de Postadopción, respaldado por la Diputación Foral de Gipuzkoa. En lo personal, en 2004, comencé a trabajar con mi primer grupo de familias, que sigue activo más de dos décadas después, y mantenemos una frecuencia mensual de reuniones. A lo largo de este recorrido, el grupo ha evolucionado desde un enfoque inicial educativo hacia una dinámica casi terapéutica, marcada por procesos de transformación individual y familiar.

4.3.1 Características de las familias

La participación en el grupo es voluntaria, lo que fortalece el compromiso de cada miembro. Las familias que lo integran presentan diversidad de experiencias, aunque muchas han enfrentado situaciones de alta complejidad. Este entorno de apoyo mutuo les permite afrontar sus propios límites y validar la búsqueda de ayuda como un acto de fortaleza.

Algunos hijos e hijas han solicitado expresamente a sus padres que compartan temas en el grupo, lo que revela el valor referencial que el espacio ha adquirido también para ellos. Se garantiza la confidencialidad absoluta y se reconoce la importancia de involucrar simbólicamente a los hijos e hijas en el proceso.

A pesar de sus diferencias, estas familias comparten motivaciones profundas: el deseo de comprender, actuar con responsabilidad y brindar un entorno seguro y amoroso para sus hijos e hijas. También coinciden en la vivencia de haber transitado caminos donde la comprensión externa ha sido limitada. El grupo les ha ofrecido esa comprensión, además de herramientas relacionales, contención emocional y aprendizaje compartido.

4.3.2 Fases de la construcción del grupo

La constitución y evolución de los grupos de familias adoptivas responden a un proceso dinámico, que promueve la adquisición progresiva de recursos emocionales y cognitivos. Lejos de tratarse de un modelo rígido, este recorrido se configura como una secuencia flexible que favorece una experiencia de crecimiento colectivo, donde los vínculos generados entre los participantes actúan como catalizadores del desarrollo individual y familiar.

Esta progresión incluye fases diferenciadas, cada una con propósitos y contenidos específicos:

- **Fase psicoeducativa inicial:** orientada a la creación de seguridad y comprensión básica del trauma temprano, vínculo afectivo y parentalidad terapéutica.

- **Fase intermedia de trabajo personal:** centrada en el autoconocimiento, la revisión de historias familiares, el ajuste de expectativas y el fortalecimiento de la empatía entre los participantes.

- **Fase relacional final:** caracterizada por una transformación profunda de los vínculos, una mayor conciencia del daño traumático y el desarrollo de estrategias sostenibles de acompañamiento.

Estas fases reflejan el tránsito desde una lógica de información hacia una dinámica de transformación relacional, haciendo del

49

grupo no solo un espacio de contención, sino también de resignificación profunda. El ritmo es flexible pero coherente, y respeta los tiempos y necesidades de cada familia.

a) Fase inicial: creando seguridad

Cuando las familias empiezan a reunirse en el grupo, todavía no se conocen del todo ni existe esa confianza que permite abrirse con tranquilidad. Por eso, lo primero que se trabaja es la construcción de un espacio seguro, donde todos se sientan respetados, escuchados y libres de juicios. Se trata de que cada persona tenga su lugar, que se reconozca el valor de su historia y que sienta que puede hablar sin miedo.

En esta etapa, se apuesta por un enfoque psicoeducativo: se comparten conocimientos esenciales sobre cómo afecta el trauma temprano al desarrollo de niños y adolescentes y por qué no basta con aplicar las pautas tradicionales de crianza. Las familias empiezan a comprender que los retos a los que se enfrentan tienen que ver con vivencias muy profundas que sus hijos o hijas han vivido. No es que "no quieran", a veces simplemente "no pueden". Y para acompañar esos procesos, hace falta tiempo, paciencia y mucha constancia.

b) La figura del profesional

El profesional tiene que sostener el grupo, cuidar los vínculos y fomentar un ambiente de respeto. También debe estar atento a las dinámicas que puedan generar incomodidad o tensión, e intervenir con sensibilidad para proteger el espacio. Que todos los miembros se sientan reconocidos, comprendidos y valorados es lo que permite que la confianza crezca poco a poco.

En los primeros encuentros suele surgir la necesidad de demostrar que se están "haciendo bien las cosas", lo que puede generar roces o actitudes de competencia. Aquí, el acompañamiento profesional ayuda a mantener el foco en lo importante: el aprendizaje compartido, el respeto por las diferencias y la empatía como base de todo.

Esta primera fase es el cimiento de todo lo que vendrá después. Aquí no solo se adquieren conocimientos, también se empieza a construir el grupo como lugar de apoyo, confianza y crecimiento.

c) Fase intermedia: encontrarse en el grupo y aprender desde lo compartido

En esta etapa, el grupo comienza a ser algo más que un espacio de encuentro. Las familias ya se conocen mejor, han compartido emociones, retos y reflexiones, y esa confianza que antes se construía poco a poco ahora empieza a consolidarse. Ya no hay tanta necesidad de protegerse: lo que prima es el afecto, la escucha atenta y la empatía.

Con el paso del tiempo, los vínculos que nacen en el grupo traspasan las paredes de la sala. Se organizan comidas y excursiones, y hasta se crea un grupo de WhatsApp que permite estar conectados día a día. Para muchas familias, esta red fue un apoyo clave durante el confinamiento por la pandemia. También los hijos encuentran un lugar: entre ellos se generan lazos, confianza y espacios de autoapoyo, aunque no participen directamente en las sesiones.

d) Aprendizajes que van calando

Las familias empiezan a descubrir que no hay fórmulas mágicas ni caminos rápidos. La adopción es una experiencia compleja, que requiere mucha paciencia y compromiso. También comprenden que cada historia es distinta, por lo que no existen soluciones únicas. Lo que sí aparece es una nueva forma de mirar: más realista, menos idealizada, más humana. El hijo "perfecto" que imaginaban da paso al hijo real, y eso permite construir una relación más sólida y honesta.

e) El papel del profesional en este momento

Sigue teniendo un rol fundamental, aunque más desde lo invisible: acompaña sin imponer, facilita sin dirigir. Su tarea es ayudar a que las propias familias se escuchen, compartan y construyan aprendizajes desde sus vivencias. También conecta las experiencias del grupo con conocimientos teóricos, y promueve una reflexión activa que permite ajustar miradas, comprender mejor a los hijos y fortalecer los vínculos familiares.

Un cambio esencial que se da en esta fase es el paso de pensar que "mi hijo no quiere" a comprender que "mi hijo no puede". Esta pequeña frase transforma profundamente la forma en que se les acompaña.

Este camino permite a cada familia mirarse con honestidad, comprender más profundamente lo que está viviendo y acompañar con mayor conciencia a sus hijos e hijas en su desarrollo.

f) Fase final: transformación, vínculos y camino hacia el futuro

En esta última etapa del proceso grupal, las familias ya han recorrido un camino importante. Han vivido encuentros, aprendizajes y desafíos que les han permitido mirar la adopción de forma más consciente, menos idealizada y mucho más real. Han ido desarrollando herramientas emocionales que les ayudan a transitar con fortaleza y sensibilidad los retos que aparecen.

Aquí se trabaja desde el reconocimiento del daño profundo que dejó el trauma en sus hijos, comprendiendo que sus efectos no desaparecen de un día para otro y que requieren atención constante. También se aprende a valorar cada pequeño avance como un logro significativo, y se acompaña a los hijos en el camino hacia una autonomía que, en estos casos, es más compleja que en otras familias.

g) Un grupo que transforma

El vínculo construido entre las familias se vuelve más íntimo y fuerte. La confianza permite abrirse sin máscaras, hablar de lo difícil y cuestionar creencias o modelos que ya no sirven. Se comparte desde la humildad, reconociendo que mostrar vulnerabilidad no es debilidad, sino un paso hacia el crecimiento.

No todo es fácil en esta etapa. Surgen nuevas frustraciones, los retos se intensifican y muchas veces las soluciones van más allá de lo que cada familia puede afrontar por sí sola. Sin embargo, el grupo permanece como un espacio de sostén verdadero: no juzga, no minimiza, no impone. Solo acompaña y cuida. Y eso permite que las transformaciones personales ocurran de verdad.

h) Pensando en el futuro

Llegados a este punto, muchas familias comienzan a mirar más allá del presente. Preocupan las relaciones sociales de sus hijos, su estabilidad emocional, el reconocimiento de situaciones de discapacidad y, sobre todo, qué pasará cuando los padres ya no estén. Este tipo de pensamientos no se enfrentan solos: se comparten en el grupo, se conversan y se atraviesan con acompañamiento.

i) El papel del profesional

El profesional sigue siendo una figura clave, incluso más que antes. Debe tener la capacidad de sostener emociones intensas, dar espacio al dolor y ofrecer una mirada comprensiva ante lo que cada familia vive. No se trata de dar respuestas rápidas, sino de crear un entorno donde las familias puedan sentirse cuidadas, respetadas y validadas. Ese cuidado es el que luego podrán transmitir a sus hijos.

5

EL PAPEL DEL SISTEMA SANITARIO EN LA POSTADOPCIÓN

Talía Sainz Costa y María Jose Penzol Alonso

5.1 INTRODUCCIÓN

La adopción internacional es un proceso complejo que transforma la vida de los niños adoptados y de sus familias. Representa una oportunidad para brindar un entorno estable y afectivo a menores en situación de vulnerabilidad, pero conlleva desafíos específicos en el ámbito de la salud. Habitualmente los menores han estado expuestos a condiciones sanitarias deficitarias y no han disfrutado de un entorno afectivo óptimo. Carencias nutricionales y enfermedades infecciosas se suelen combinar con una atención médica deficitaria en origen. A medio y largo plazo, además, las experiencias tempranas de institucionalización, negligencia o maltrato pueden tener repercusiones a nivel físico y emocional que pueden manifestarse a lo largo de su vida.

En este contexto, el sistema sanitario desempeña un papel crucial. La intervención debería comenzar en la etapa previa al proceso de adopción, acompañar el acogimiento y continuarse en la fase de postadopción. No solo se trata de realizar una valoración médica inicial para identificar problemas de salud, sino de garantizar un acompañamiento continuo y especializado que responda a las necesidades específicas de niños y familias. Sin embargo, la atención pre y postadoptiva dentro del sistema de salud no existe como entidad propia, lo que puede generar barreras en el acceso a servicios especializados y en la coordinación.

5.2 IMPACTO DE LA ADOPCIÓN EN LA SALUD

Los menores adoptados pueden presentar necesidades médicas y psicológicas específicas, especialmente aquellos procedentes de una adopción internacional. Entre los problemas de salud que antes se presentan están los siguientes:

- **Retrasos en el crecimiento y el desarrollo:** Debido a la malnutrición o la falta de estimulación, muchos niños adoptados presentan retrasos en el desarrollo físico y cognitivo. Son frecuentes el bajo peso y las alteraciones del crecimiento. Entre los retrasos más habituales en la esfera cognitiva se encuentran las dificultades en la adquisición del lenguaje y problemas en la motricidad fina y gruesa. La intervención temprana con programas de nutrición, estimulación psicomotriz y apoyo educativo es clave para mejorar su desarrollo y facilitar el proceso de adaptación. Sin embargo, existen múltiples barreras en el acceso y no existen programas específicos de postadopción. Las alteraciones comportamentales relacionadas con la alimentación son frecuentes y la desnutrición y los retrasos en el crecimiento generan gran angustia en las familias.

- **Enfermedades infecciosas:** Dependiendo del país y la región de origen, variará el riesgo de exposición a enfermedades infecciosas. Muchas parasitosis son de distribución mundial, pero otras son más características de zonas tropicales y subtropicales. La prevalencia de algunas patologías, como la tuberculosis, viene determinada sobre todo por las condiciones socioeconómicas del país de origen y las circunstancias vitales (hacinamiento, desnutrición...). Otras infecciones, como la sífilis, el VIH o la hepatitis B y C pueden trasmitirse de la madre al niño (vía vertical), por lo que será necesario considerar la exposición intrauterina. Casi todas ellas cursan de forma asintomática, es decir, silente, durante años, produciendo secuelas a medio-largo plazo. Por ello, el cribado y tratamiento de enfermedades importadas es clave, así como la adecuación vacunal.

- **Patologías específicas:** Con la mejora de las condiciones socioeconómicas en los países de origen, se ha reducido el número de niños en adopción internacional, y esta opción de último recurso ha quedado prácticamente reservada, en muchos países, para niños con problemas médicos que dificultan la adopción en origen. Entre otras patologías, son frecuentes las malformaciones de carácter estético, especialmente en la región facial (tales como el labio leporino o la hendidura palatina), los miembros (como el pie zambo) o que producen alteraciones en la pigmentación (nevus, manchas hiper o hipocrómicas). Otras patologías frecuentes son las derivadas de la prematuridad o las cardiopatías congénitas. Algunas de estas patologías pueden repercutir en el estado nutricional (por dificultades en la alimentación, por ejemplo) o en una mayor susceptibilidad a infecciones o enfermedades autoinmunes.

- **Problemas de salud mental:** Las carencias emocionales, la ausencia de un vínculo seguro, la institucionalización prolongada, el abandono o la exposición a situaciones traumáticas pueden generar trastornos del apego, ansiedad, depresión y dificultades en la regulación emocional. La atención psicológica y psiquiátrica especializada y el apoyo a las familias adoptantes son claves en la adaptación y bienestar emocional de los niños y los adolescentes.

Los problemas de salud no se limitan, sin embargo, al periodo postadopción inmediato. Muchas enfermedades con componente genético, por ejemplo, van a manifestarse a lo largo de la vida adulta. A medio plazo aparecen también la mayor parte de los problemas de salud mental. Más de la mitad de los trastornos psiquiátricos del adulto debutan en la adolescencia; un 43 % de los trastornos psiquiátricos debutan antes de los 14 años, y antes de los 18 años se diagnostican el 48,8 % de los trastornos mentales que aparecerán a lo largo de la vida. Entre los menores adoptados, algunas series han reportado un 5-17 % de adolescentes atendidos en recursos de salud mental, y otras, que un tercio de los adolescentes derivados a salud mental son adoptados, lo que sugiere que ser adoptado duplica las probabilidades de tener un trastorno de conducta disruptiva y de tener contacto con un profesional de salud mental. Esto puede deberse a que los niños adoptados enfrentan con mayor frecuencia experiencias adversas en la infancia, como traumas y problemas de apego. En segundo lugar, pueden aparecer ansiedad, depresión, déficit de atención, hiperactividad, síntomas compatibles con un trastorno de estrés postraumático y un mayor riesgo de suicidio. Afortunadamente, la evidencia sugiere que los adoptados también tienen más probabilidades de recibir terapia, ya que los padres adoptivos son más propensos a buscar apoyo terapéutico para sus hijos.

Estudios recientes han identificado una serie de variables que pueden intervenir en la aparición de problemas de salud mental y de conducta en niños adoptados, asociados directamente no solo con el niño, sino también con los padres (estilo de crianza, sensibilidad, salud mental parental), con factores familiares (cohesión, apertura comunicacional, conflicto, expresividad, satisfacción con la adopción) y con factores ambientales (escuela, discriminación, identidad étnica). Esto sugiere que multitud de factores de riesgo y protectores que rodean al niño interaccionan entre sí.

Porque sabemos que estos desafíos existen, es preciso asegurar que estos menores y sus familias tengan acceso a los recursos de apoyo adecuados. Estos deberán coordinar los esfuerzos combinados de los servicios de salud y de educación que, junto con un entorno familiar estable, serán claves para la recuperación de los menores. Sin embargo, **la falta de datos específicos en nuestro entorno sobre la salud a medio y largo plazo de las personas adoptadas a lo largo de su ciclo vital dificulta el diseño de estrategias de intervención eficaces**.

La mayor parte de los datos proceden de entornos muy alejados al nuestro, como el estadounidense, difícilmente comparable en cuanto a modelo sanitario; o se reducen a los primeros años tras la adopción. Resulta crucial el disponer de información sobre el estado de salud física y mental de los niños adoptados a corto, medio y largo plazo, así como sobre las intervenciones más eficaces, que permitan desarrollar protocolos de seguimiento para detectar y atender sus necesidades de manera específica.

5.3 RECURSOS DISPONIBLES

5.3.1 Unidades de adopción internacional

Además de la red asistencial de centros de salud, hospitales y recursos sanitarios específicos, en la Comunidad de Madrid existen dos unidades pediátricas especializadas en adopción internacional, en los hospitales Niño Jesús y La Paz, que ofrecen asesoramiento durante la fase previa (consulta preadopción), durante y tras la adopción (postadopción).

5.3.2 Valoración preadopción

Incluye desde un asesoramiento inicial acerca de los países de origen y su epidemiología, las diferentes patologías y sus implicaciones hasta una valoración individualizada de los informes médicos y documentos gráficos del menor (cuando este ya ha sido asignado). La finalidad es:

- Informar sobre las condiciones de salud, factores de riesgo y patologías prevalentes en el país.

- Asesorar sobre problemas específicos de salud, su tratamiento y seguimiento, su pronóstico e implicaciones, solicitando información complementaria en caso de ser necesario

- Ofrecer recomendaciones específicas acerca del proceso de adopción, las posibles complicaciones y su manejo en el país de origen, así como recomendaciones acerca de la primera evaluación médica, el seguimiento y el tratamiento según la patología.

Durante la consulta, se ofrecen también recomendaciones a la familia acerca del viaje, los potenciales riesgos relacionados y la necesidad de medidas específicas de prevención (consejo previaje, vacunación específica, quimioprofilaxis...).

5.3.3 Consulta postadopción

Al llegar a España, debe realizarse un examen de salud exhaustivo que incluya un despistaje dirigido de patología importada, con especial énfasis en la valoración del estado nutricional y del crecimiento y desarrollo. Más del 40 % de los menores presentan enfermedades infecciosas importadas y los retrasos en peso, talla y perímetro cefálico son frecuentes. Se realizará adecuación del calendario vacunal y las derivaciones necesarias en función de los hallazgos. A nivel psicológico, un 90 % de las patologías encontradas son leves y reversibles a corto o medio plazo, un 5 % son reversibles a largo plazo y solo un 5 % son irreversibles con secuelas. Aunque estos datos son tranquilizadores, las unidades especializadas en adopción no cuentan con psicólogos adscritos y la evaluación psicológica es, por tanto, incompleta.

Se recomienda que la primera evaluación se realice en los primeros 15 días, o antes si el menor presenta sintomatología. Se analizarán los antecedentes médicos disponibles (el desconocimiento de los antecedentes familiares y personales es una limitación importante), los epidemiológicos y los sociofamiliares, en base a los informes de salud y las percepciones de la familia de acogida.

Se recomienda realizar un seguimiento del proceso de adaptación en una unidad de referencia que ofrezca seguimiento multidisciplinar, que valore la necesidad de ampliar estudios o de derivación a especialistas y que haga especial hincapié en la evaluación seriada del crecimiento, el estado nutricional y el desarrollo puberal (no es infrecuente que se produzca un desarrollo puberal adelantado). También se deberán evaluar el desarrollo psicomotor y del lenguaje, la visión y la audición, la adaptación familiar y escolar y el desarrollo afectivo-emocional y del comportamiento.

5.4 CARENCIAS DEL SISTEMA

Las unidades de referencia, integradas por pediatras y personal de enfermería, no cuentan con psiquiatras, psicólogos, neuropsicólogos ni mediadores culturales. Su ausencia limita enormemente la orientación o el apoyo que estas unidades pueden ofrecer desde el punto de vista de la adaptación emocional, las alteraciones de conducta o las dificultades en el establecimiento de las relaciones intra e interfamiliares. Tampoco ofrecen la posibilidad de hacer evaluación, seguimiento o intervenciones terapéuticas si surgen incidencias en el proceso de adquisición del idioma; ni cuentan con recursos específicos para la evaluación neurocognitiva o para la coordinación con los centros educativos que faciliten la adaptación de los menores. No ofrecen grupos de apoyo o programas de apoyo a través de pares, ni a los pacientes ni a las familias.

5.5 SALUD MENTAL EN ADOPCIÓN: EL RETO DE LA ADOLESCENCIA

Quizá la carencia estructural más limitante sea la ausencia de recursos específicos de salud mental. Así, los retos relacionados con los menores adoptados se manejan desde los recursos disponibles para la población general, sin que exista un programa específico que facilite la derivación, la coordinación interprofesional e interdisciplinar o el acceso a recursos especializados, similar al que puede existir en otros contextos con necesidades específicas, como pueden ser los menores que han sufrido violencia sexual o los programas de detección precoz de patologías asociadas al síndrome de Down. Si bien es cierto que los menores adoptados pueden presentar los mismos trastornos mentales o patologías que los menores que permanecen con sus familias de origen, también es cierto que suelen sumarse factores relacionados con el desarraigo o el lenguaje, que pueden dificultar la atención. En los foros y grupos de trabajo con familias adoptivas y profesionales, se plantea con frecuencia la necesidad de crear programas psicoterapéuticos específicos para los adolescentes adoptados. En el momento actual no hay recursos específicos de salud mental para niños/adolescentes adoptados y hay debate sobre la indicación o la necesidad de crearlos. La creación de unidades de salud mental específicas, hospitales de día o grupos terapéuticos para adolescentes adoptados tendría pros y contras.

Por un lado, si consideramos la adopción una categoría diferenciadora, merecedora de programas específicos de diagnóstico o tratamiento, estaríamos equiparando el ser "adoptado" con una circunstancia patológica o de riesgo en sí misma. Algunos estudios, realizados mayoritariamente en los años 2000 con el crecimiento del fenómeno de adopción internacional, sugieren que la gran mayoría de los adolescentes adoptados presentan un funcionamiento psicológico sano. Además, los expertos en adopción insisten en señalar que los adolescentes adoptados (al igual que los adolescentes en general) huyen de la diferencia; sentirse diferente es lo peor para un adolescente. En este sentido, la experiencia de muchos profesionales que han trabajado con familias adoptivas es que debe respetarse ese deseo de los menores adoptados de no verse diferenciados por esta condición. Estos adolescentes se esfuerzan por integrarse totalmente en la familia y la sociedad, y porque la circunstancia de pertenecer a una familia diferente de la biológica no sea un factor que los coloque en una posición diferente a la de los demás jóvenes de su edad.

En cuanto a las ventajas que ofrecería la creación de centros específicos, podría darse una mejor coordinación entre diferentes profesionales, así como la especialización de estos en temas de adopción. Además, los centros específicos o especializados podrían ofrecer un apoyo a las familias en programas dirigidos específicamente a las dificultades que se les presentan en el día a día, incluyendo la posibilidad de realizar grupos multifamiliares, con poder terapéutico para las familias, o programas de pares.

En cualquier caso, es evidente que la etapa de la adolescencia merece especial atención, por ser un momento vital en el que se plantean nuevos retos. La adolescencia como desafío, relacionado con la identidad, el pasado y el futuro; la necesidad de escribir una narrativa de la propia vida, con información que falta o es difícil; la lealtad como dilema entre familia biológica/adoptiva, y la permanencia: si sucedió una vez puede volver a suceder.

Todas estas cuestiones merecen especial atención cuando nos planteamos una intervención psicoterapéutica en adolescentes adoptados, en el contexto de la atención general o de recursos especializados, ya que puede ser el momento en que los problemas de salud mental debuten o se agraven.

5.5.1 Recursos de salud mental en la Comunidad de Madrid para adolescentes adoptados

En el sistema de asistencia sanitaria pública de la Comunidad de Madrid, todos los adolescentes tienen acceso a los mismos recursos de salud mental, independientemente de si residen con una familia biológica o adoptiva. Esta red de servicios de salud está formada por recursos tanto ambulatorios como de hospitalización, con diferente intensidad terapéutica y cuya indicación dependerá de las necesidades y de la gravedad de los cuadros clínicos.

De menor a mayor intensidad terapéutica tenemos los siguientes: los Centros Salud Mental (CSM), que ofrecen tratamiento coordinado en ambulatorio; los Centros Educativos Terapéuticos/ Hospitales de Día (CET/HD), a los que se recurre cuando se necesita tratamiento psicoterapéutico intensivo y además se necesita una intervención a nivel académica; las Unidades de Hospitalización Breve (UHB), para adolescentes en situaciones de crisis, y, por último, las Unidades de Media Estancia (UME), donde los pacientes permanecen ingresados en régimen residencial por un periodo de entre seis meses y un año. Estas están indicadas cuando por la gravedad, cronificación de los síntomas o conductas de riesgo, el tratamiento en ambulatorio no es suficiente y se han agotado los recursos descritos.

En cuanto a recursos específicos, existe el programa Apoyo Postadopción de la Consejería de Familia, Juventud y Asuntos Sociales de la Comunidad de Madrid.

5.6 RETOS Y DESAFÍOS EN LA ATENCIÓN SANITARIA EN ADOPCIÓN INTERNACIONAL

La escasez de recursos en salud mental es una de las grandes carencias en relación con la salud y la adopción internacional en nuestro país. Si los recursos del sistema no son suficientes, las familias deben cubrir la necesidad por su cuenta. Si la convivencia con la familia es parte del problema, existen realmente muy pocas alternativas y casi todas dependen de iniciativas privadas. Si existen problemas concomitantes, tales como la discapacidad o el uso y consumo de sustancias, que precisan a su vez de recursos especializados, la complejidad del problema se multiplica. La coordinación, necesaria siempre, se vuelve imprescindible en estos casos, pero muchas veces ni siquiera se contempla entre las actividades programadas de los profesionales. Todos estos problemas solo se magnifican al cumplir los menores la mayoría de edad, momento en que la desprotección se hace real también desde un punto de vista legal.

El abordaje del necesario ajuste psicológico de las personas adoptadas al alcanzar la edad adulta también es una carencia que sería necesario tener en cuenta a la hora de diseñar planes de salud mental.

Seguramente, la otra gran asignatura pendiente es la formación específica de los profesionales —tanto pediatras y médicos de familia como enfermeras y profesionales de la salud mental— sobre lo que significa la adopción, y las implicaciones en el desarrollo personal y afectivo en las personas que pierden a sus padres biológicos durante la infancia. Los programas formativos de los profesionales sanitarios, en general y en especial en lo que se refiere a las especialidades relacionadas con la salud mental, deberían incluir aspectos específicos sobre la atención a menores y familias adoptivas.

Desde un punto de vista más estructural (y más inmediato), una propuesta de implantación relativamente sencilla sería la incorporación de profesionales de la salud mental en las diferentes fases del proceso de adopción. En el momento actual, los profesionales de la salud mental participan solo en la fase de tratamiento una vez que ya existen dificultades que han sido diagnosticadas a pesar de la escasez de recursos para ello. Por ello, la inclusión de profesionales de la salud mental en las fases preadopción y postadopción parece prioritaria.

- En la fase preadopción, contribuirían a proporcionar a las familias información y formación sobre el proceso de vinculación temprana, su importancia en el desarrollo global del individuo y las necesidades específicas de los niños adoptados, adaptadas a la edad de adopción. La formación de los padres supone una base esencial para la comprensión de la realidad de los niños que adoptan, la detección de problemas y la búsqueda temprana de apoyo. No debemos olvidar la importancia de mantener expectativas realistas en cuanto a la adopción y el menor que va a llegar.

- En la fase postadopción, con el objetivo de ofrecer apoyo tanto a los menores como a las familias, siempre con el objetivo de cubrir las necesidades de los menores, harían lo siguiente: facilitar el proceso de integración en una familia estable y segura; reparar daños físicos, emocionales y cognitivos, y elaborar la historia pasada, explorar los orígenes y ayudar en la integración de su identidad.

5.7 CONCLUSIONES

A pesar de los recursos disponibles, la atención sanitaria a los niños, niñas y adolescentes procedentes de adopción internacional presenta deficiencias estructurales que comprometen el bienestar de estos menores y sus familias.

La ausencia de equipos multidisciplinares y unidades de referencia, particularmente la carencia de profesionales de la salud mental integrados en el proceso de adopción, limita las posibilidades de ofrecer el acompañamiento necesario durante las diferentes etapas del desarrollo, incluyendo el adaptar las expectativas, realizar valoraciones ante las dificultades y la puesta en marcha de intervenciones precoces. Esta situación se agrava por la ausencia de programas y recursos específicos de salud mental adaptados a las particularidades de esta población y la falta de coordinación interdisciplinar y con los diferentes actores (profesionales, instituciones, asociaciones de familias, ONG...).

Es necesario continuar investigando para generar la evidencia que permita optimizar la atención a los menores y sus familias. La adolescencia emerge como una etapa especialmente vulnerable que requiere atención especializada, dado que en este período vital se intensifican los desafíos relacionados con la construcción de la identidad y el procesamiento de la experiencia adoptiva.

Para garantizar el éxito del proceso de adopción y el desarrollo saludable de los menores, resulta imperativo mejorar la formación de todos los profesionales sanitarios involucrados, para que estos comprendan las implicaciones profundas de la adopción en el desarrollo personal y afectivo de quienes experimentaron la pérdida de sus figuras parentales primarias durante la infancia. Solo mediante la incorporación sistemática de profesionales de la salud mental en todas las fases del proceso adoptivo podremos construir un modelo de atención verdaderamente integral que facilite la plena integración y desarrollo, y que responda a las necesidades complejas y específicas de estos menores y sus familias.

6

TRAUMA Y CAPACIDAD JURÍDICA

María Jesús Crespo Torres y Eva M.ª Milla Molina

Cuando la ley no ve lo que sí existe (María Jesús Crespo Torres)

6.1 INTRODUCCIÓN

Como abogada especializada en derecho de familia, con años de ejercicio en procedimientos relacionados con tutelas, curatelas y defensa de personas en situación de vulnerabilidad, me encuentro con frecuencia con una realidad jurídica que no se ajusta a la realidad. Este desajuste se hace especialmente evidente para los jóvenes adoptados y para sus familias.

Adoptar a un menor representa un compromiso profundo que implica asumir no solo una nueva vida, sino también una historia previa, a veces condicionada por enfermedades no tratadas o diagnosticadas y por secuelas emocionales y trastornos derivados de situaciones de abandono o maltrato.

Al alcanzar la mayoría de edad, la ley les reconoce plena capacidad jurídica y se espera que sean capaces de tomar decisiones, gestionar su vida y enfrentarse al mundo como un adulto más. Pero ¿qué pasa cuando no están preparados para hacerlo? ¿Qué sucede si su historia de vida los ha dejado con heridas invisibles que dificultan su autonomía? Por ejemplo, una joven que fue adoptada a los 10 años, tras vivir en la calle y en un orfanato, puede seguir necesitando ayuda constante para manejar su ansiedad o mantener relaciones personales saludables.

Y es que el umbral cronológico de los 18 años no siempre coincide con una capacidad real para gestionar de forma autónoma los aspectos esenciales de la vida adulta. Es precisamente en la etapa juvenil cuando muchos problemas latentes afloran o se intensifican. Es entonces cuando muchas familias acuden a nuestros despachos en busca de soluciones, y es cuando chocamos con una estructura legal rígida, ajena a esta realidad.

En las siguientes líneas expondré por qué desde mi experiencia práctica los mecanismos jurídicos existentes —curatela, mandatos preventivos y poderes representativos— no ofrecen una respuesta adecuada a esta problemática y qué se podría hacer para garantizar una protección efectiva más allá de la mayoría de edad, que permita un acompañamiento legal más ajustado y humano. Este capítulo es un análisis jurídico, pero, sobre todo, es una llamada de atención. Porque detrás de los tecnicismos legales hay vidas concretas, familias reales y un abandono institucional que no podemos ignorar.

6.2 INSUFICIENCIA DE LOS MECANISMOS JURÍDICOS

La Ley 8/2021 reformó el Código Civil introduciendo un modelo de apoyos, basado en el respeto a la voluntad de la persona y adaptado a sus necesidades. Esta reforma se alinea con la Convención de la ONU sobre los Derechos de las Personas con Discapacidad, que defiende que todas las personas tienen derecho a decidir sobre sus vidas, con la ayuda necesaria, pero sin perder su auto-nomía. Si alguien tiene dificultades, lo que necesita es apoyo para decidir, pero no que otros decidan por él. Esto puede traducirse en medidas voluntarias (como mandatos preventivos o la auto-tutela), la figura del guardador de hecho (quien ya presta apoyo sin necesidad de autorización judicial) o la curatela (una ayuda judicial, decidida por un juez).

Aunque estos mecanismos suponen un avance respecto al modelo de tutela/institucionalización, su aplicación práctica no encaja con la situación de muchos jóvenes adoptados, y no ofrece soluciones a las familias cuya situación emocional y fun-cional puede requerir acompañamiento continuo.

Apoyos voluntarios

Nuestra norma refuerza el principio de autonomía personal, pro-moviendo que sea la propia persona quien, de forma anticipada, pueda organizar y elegir los apoyos que considere necesarios para ejercer su capacidad jurídica. Así, cualquier mayor de edad puede otorgar ante notario un poder o mandato representativo, mediante el cual designa a una o varias personas para que le asis-tan o representen en caso de que no pueda ejercer su capacidad por sí misma. Estos instrumentos permiten configurar un siste-ma de apoyos completamente personalizado, en el que incluso pueden establecerse instrucciones específicas sobre cómo debe prestarse dicho apoyo, así como sus límites.

De igual forma, la ley permite que una persona designe, mediante documento público, quién desea que actúe como su curador si fuera necesaria una medida judicial de apoyo. A esta figura se la conoce como autotutela.

Ambos mecanismos requieren una iniciativa voluntaria por parte del propio interesado. En la práctica, esto supone una barrera importante para muchas familias que, al llegar sus hijos a los 18 años, se encuentran con que aún no han alcanzado una madurez suficiente para comprender la necesidad de establecer este tipo de medidas, o directamente se niegan a colaborar en su formalización. Esta falta de implicación no siempre responde a una mera rebeldía, sino que suele estar vinculada a procesos personales complejos, derivados de trayectorias vitales traumáticas.

En contextos de conflicto familiar, donde los deseos del joven no coinciden con los de sus padres, estas figuras jurídicas resultan ineficaces: requieren consenso, previsión y voluntad de acuerdo, que es justo lo que suele faltar en los casos que más necesitarían de una intervención ágil y eficaz. Así, la ley, pese a su enfoque garantista y respetuoso con la autonomía personal, no ofrece a las familias adoptivas herramientas reales cuando el joven, ya mayor de edad, rechaza cualquier tipo de apoyo formal, incluso aunque resulte evidente que lo necesita.

Apoyos por vía judicial

A falta de medidas voluntarias, o cuando las mismas se juzguen insuficientes, la opción que queda es acudir a un proceso judicial de provisión de apoyos para el nombramiento de un curador. Ahora bien, el régimen de curatela, aunque concebido como apoyo y no como sustitución de la voluntad de la persona afectada, sigue siendo una figura judicial que requiere prueba de que concurre una falta de capacidad formal. Esto obliga a las familias adoptantes a iniciar procesos judiciales que muchas veces resultan desproporcionados y estigmatizantes, y más que un puente hacia la ayuda se convierten en un juicio a la capacidad del joven.

No es difícil imaginar que este tipo de procedimientos tienden a evitarse por miedo a estigmatizar a los hijos y por el conflicto personal y emocional que suelen conllevar con ellos, en perjuicio del vínculo paternofilial, dañado de origen, y que precisamente se quiso reparar con la adopción. No es infrecuente que muchos jóvenes vivan este tipo de procesos como un segundo abandono, al concebirlo como un ataque a su valía personal.

Las más de las veces, simplemente son procesos inviables, destinados al fracaso, por falta de un diagnóstico médico concluyente. A veces ello ocurre porque la situación del joven no encaja plenamente en los criterios clínicos que definen lo que propiamente se entiende por discapacidad conforme a los estándares médicos y legales vigentes. Otras veces, y de forma especialmente frustrante, el fracaso se produce porque la elaboración del informe pericial médico-forense requiere necesariamente la colaboración activa del propio joven, que debe acudir por voluntad propia a la evaluación. Cuando esa colaboración no existe —como sucede precisamente en los casos más graves, en los que más necesario sería el apoyo judicial— el informe no puede realizarse y el procedimiento se paraliza o decae, condenando a la familia a la impotencia legal.

Como consecuencia, las familias se encuentran atrapadas entre la imposibilidad de actuar legalmente en nombre de sus hijos, que ya son legalmente adultos, y la ausencia de figuras jurídicas que permitan acompañarlos sin despojarlos de su dignidad y autonomía.

En uno de los casos más duros que he tenido que enfrentar, una madre acudió a mi despacho visiblemente angustiada. Su hija, adoptada a los nueve años en Europa del Este, donde había sido víctima de abusos en su entorno familiar, había cumplido hacía poco los 19 años. Pese a los esfuerzos familiares y educativos durante la adolescencia, la joven no había podido terminar el bachillerato debido a cuadros de depresión y ansiedad, y empezó a frecuentar entornos peligrosos donde incurría en conductas muy próximas a la prostitución, que la exponían a abusos y riesgos jurídicos de distinta índole.

La madre quería intervenir legalmente para protegerla, impedirle ciertos desplazamientos, o al menos poder tomar decisiones por ella mientras se reconducía la situación. Pero legalmente ya no podía hacer nada. La joven era mayor de edad y, al no presentar una discapacidad médica o psicológica reconocida, no se podía iniciar un proceso de provisión de apoyos judiciales, y menos en contra de la voluntad de la hija, que se negaba a colaborar en un eventual procedimiento. Con este panorama la posibilidad de intentar un mandato preventivo o poder representativo era más difícil si cabe, ya que la joven se negaba a cualquier tipo de control.

Como abogada, tuve que decirle que el sistema no preveía ninguna medida adecuada para una situación como la que me relataba. Fue duro verla marcharse con esa impotencia. Y resulta especialmente desesperante constatar cómo el mismo sistema que articula todos los recursos necesarios para proteger a esos menores de contextos de riesgo y garantizarles un entorno familiar protector durante la infancia se desvincula por completo de ellos —y de sus familias adoptivas— al alcanzar estos los 18 años. Es una paradoja cruel: madres y padres que se han volcado durante años en acompañar procesos de recuperación complejos se ven forzados a contemplar desde la barrera cómo sus hijos toman decisiones potencialmente autodestructivas, sin posibilidad de intervención ni respaldo institucional alguno.

6.3 UN SISTEMA QUE ABANDONA A QUIENES MÁS LO NECESITAN

Lo más frustrante de este tipo de situaciones no es la complejidad técnica, sino el vacío institucional que las rodea. Las familias que han adoptado suelen hacerlo desde la generosidad, el sacrificio personal y el convencimiento de que todos los niños merecen una oportunidad. Pero al llegar la mayoría de edad, se encuentran con que el sistema las deja solas. No hay programas de acompañamiento, no hay reconocimiento legal de la vulnerabilidad de sus hijos y, a menudo, tampoco hay sensibilidad institucional. La administración parece dar por cerrado su compromiso cuando el menor deja de serlo.

Existe un todo o nada: o la persona se considera plenamente capaz y no se interviene, o se acredita una discapacidad y entonces inicia un proceso de apoyo formal. No hay fórmulas jurídicas específicas que reconozcan la necesidad de acompañamiento progresivo, que es lo que realmente se demanda.

Lo anterior revela una contradicción profunda: mientras el Estado promueve y facilita la adopción, no garantiza una estructura de apoyo legal y social adecuada para los adoptados mayores de edad. Las familias se sienten muchas veces solas, ignoradas por las instituciones y sin recursos para continuar. Se trata de un abandono institucional sistemático, que contradice el espíritu de protección y acompañamiento que debería inspirar cualquier política de infancia.

6.4 PROPUESTAS JURÍDICAS CONCRETAS

Se requieren reformas legislativas y administrativas que introduzcan sensibilidad, flexibilidad y realismo en el sistema jurídico de apoyos. Reconozco que las soluciones no son sencillas, y exigen un estudio exhaustivo y multidisciplinar de esta realidad que me trasciende. Tan solo se apuntan aquí algunas líneas generales que, desde mi experiencia profesional, podrían ser de gran utilidad:

- La creación de un régimen jurídico específico para jóvenes adoptados vulnerables: Es imprescindible que el sistema jurídico contemple la situación particular de los jóvenes adoptados, reconociendo la "vulnerabilidad psicosocial postadoptiva" como una categoría jurídica particular y singular que permita el acceso a medidas de apoyo sin necesidad de un diagnóstico clínico de discapacidad. Esta categoría podría incluir programas de acompañamiento educativo, psicológico, legal y laboral para jóvenes adoptados que lo necesiten, facilitando así tanto a los jóvenes como a sus familias formación en habilidades para la vida independiente, terapias, orientación vocacional, acceso al empleo, asesoría jurídica y seguimiento personalizado, con una duración suficiente para consolidar procesos de autonomía real.

• La modificación del régimen de curatela: Se trataría de prever una categoría especial para jóvenes adoptados vulnerables, sin necesidad de incapacitación y centrada en decisiones básicas como salud, administración económica básica o acceso a servicios, que permitan a los jueces valorar no solo informes médicos, sino también contextos educativos, sociales y familiares.

• La sensibilización institucional y formación judicial: Tribunales, servicios sociales y administraciones deberían recibir formación específica sobre los efectos del trauma vinculado a la adopción. La creación de protocolos adaptados permitiría decisiones más justas y ajustadas a la realidad de cada caso, evitando así respuestas desproporcionadas o burocráticamente ineficaces.

6.5 CONCLUSIÓN

La ley no puede limitarse a reconocer la capacidad jurídica de forma abstracta; debe hacerla efectiva para todos. En el caso de algunos jóvenes adoptados, la mayoría de edad no representa una llegada a la meta, sino el inicio de un camino que puede ser solitario y difícil si no se cuenta con el respaldo adecuado. Es urgente que el sistema legal y social se comprometa con estas realidades. Proteger a quienes han atravesado las experiencias más duras no es solo una cuestión de justicia, es una obligación moral de un Estado que quiere ser verdaderamente inclusivo.

Las heridas de la adopción y su desprotección institucional (Eva M.ª Milla Molina)

6.6 INTRODUCCIÓN

Comprender la necesidad de una doble atención ante la comorbilidad que afecta a muchos niños adoptados exige, ante todo, revisar qué implica una medida de protección. Esta no solo busca sacar al menor de la marginalidad, sino también garantizarle un entorno afectivo y seguro, fundamental para su desarrollo físico y psicológico.

Esto supone entender que nuestras instituciones deben proteger a estas personas, cuya situación de origen es de riesgo o desamparo, y que debe ser el Estado el primer vínculo de pertenencia, el primer responsable de la vida del niño, al que acoge y se compromete a proteger. Si el Estado permite la adopción, es el Estado el que debe aportar, garantizar y desplegar recursos de acogida y seguimiento evolutivo que puedan paliar cualquier situación complicada que pueda presentarse en el camino hacia la edad adulta, porque, además, no olvidemos que estos niños serán futuros ciudadanos de nuestro país, formarán parte de esa masa crítica que deberá proteger a los más mayores, y de esos ciudadanos que deberán hacer que un país funcione de manera adecuada cuando lleguen a la edad de estar en activo.

Desgraciadamente, si no atendemos sus heridas y los trastornos comórbidos que se presentan, no tendremos ciudadanos felices y adaptados, sino ciudadanos perdidos que a su vez generarán un gran gasto y un gran vacío afectivo en sociedad. No debería permitirse una adopción sin entender previamente las necesidades reales que implica. De lo contrario, se corre el riesgo de dejar incompleta la verdadera finalidad del proceso adoptivo, reduciéndolo a la satisfacción del deseo legítimo de ser padres, pero sin tener en cuenta lo esencial: las necesidades de quienes son adoptados y su derecho a ser acompañados en ese camino.

Muchas voces dirán que los niños adoptados tienen los mismos derechos que los no adoptados y que con este principio de igualdad debería ser suficiente. Desde luego, cualquier niño debería tener todas las medidas de protección que necesita en tiempo y forma adecuadas, pero no se puede olvidar que los niños adoptados, en su gran mayoría, vienen ya heridos y con una previsión de sufrimiento intrínseco que, como poco, debería ser vigilado, atendiendo a esa sintomatología que se conoce como propia de esa adopción.

Hablamos de que las medidas contemplen los efectos psíquicos superficiales o profundos, con una categoría clínicamente diferenciada que dé respuesta al **trauma temprano,** al **desarrollo neurológico** y demás **comorbilidades mal diagnosticadas** al integrar el factor de *adopción como origen*, dando así cobertura de por vida a ese trastorno del vínculo de apego inseguro.

Son numerosos los trastornos que se pueden presentar desde el principio, en la adolescencia o en el inicio de la vida adulta. Suelen afectar de manera negativa a la atención, a la concentración, a la memoria y a la conciencia del yo, y pueden producir reacciones en cadena que, en los casos más graves, pueden provocar trastornos severos con sintomatología disociativa, llegando a inhabilitar así la vida independiente y funcional. Depresión infantil, trastorno negativista desafiante, TEPT complejo, trastornos de la desregulación afectiva... son algunos de los trastornos secundarios del rosario que es la propia adopción.

Se hace necesario alzar la voz y reivindicar unidades sociosanitarias y clínicas que brinden mayor atención y recursos, en especial a las familias adoptantes, que enfrentan desde el principio un desajuste entre las expectativas generadas y la realidad doliente, soledad institucional continua y la culpabilización que se vuelca sobre ellas por la sobreingesta medicamentosa que tienen como único recurso de tratamiento. Apenas unos minutos de atención psiquiátrica que prescribe medicación para paliar un trastorno que aún no está ni tipificado: el trastorno vinculado a la adopción.

6.7 EL RECONOCIMIENTO LEGAL DEL TRASTORNO VINCULADO A LA ADOPCIÓN

Desde mi experiencia como directora de un hospital de día, especializada en educación, procesos terapéuticos y como perito judicial en Psicología Infantil y Trastornos Psiquiátricos, considero urgente que el *trastorno vinculado a la adopción* sea reconocido como factor de riesgo en el desarrollo de síntomas compatibles con un alto grado de sufrimiento e incompatibles, a su vez, con un desarrollo digno de la personalidad. Este reconocimiento permitiría desplegar medidas especializadas de atención, promoción, formación, investigación y recursos sanitarios específicos. Entre otros, destaco la necesidad de abordajes multidisciplinares con programas personalizados que integren psiquiatría, psicología, terapias grupales e individuales, acompañamiento emocional, reconocimiento del trauma adoptivo y coordinación entre ámbitos educativo, sanitario y social.

Muchas personas adoptadas, como la Bella Durmiente, se pinchan con la aguja de su propia epigenética, la expresión de la historia vital heredada —educación, modos de vida y experiencias de sus antepasados—, que debe integrarse en su nueva realidad. Esta transformación dolorosa las aleja, casi sin darse cuenta, de una vida normalizada. A menudo escapan de la protección de sus familias adoptivas en busca de respuestas a vacíos internos que terminan derivando en consumos tóxicos, conductas de riesgo u otros trastornos forjados por una experiencia vital negativa, hasta llegar, en algunos casos, a centros de internamiento de menores, donde la convivencia con otros perfiles complejos las convierte en víctimas aún más desprotegidas.

La intervención temprana y adecuada en trastornos de hiperactividad, aprendizaje, neurodesarrollo, emocionales o conductuales es clave para su prevención y para alcanzar resultados terapéuticos eficaces Sin tratamiento responsable y consciente, estas dificultades se pueden convertir en un sufrimiento eterno para la persona adoptada y sus familiares, que no se podrá combatir solo con el amor, pues este, al final, se volverá iatrogénico por el peso de la culpa de no haber sido suficientemente afectivos, suficientemente familia, suficientemente protectores.

Algunas manifestaciones sintomáticas pueden aparecer cuando confluyen diversos trastornos asociados a la herida de la adopción. Muchas personas adoptadas experimentan una profunda inseguridad afectiva que se traduce en creer que no merecen el amor de los demás. Aunque estén convencidas de que sus familias adoptivas las quieren, no sienten una verdadera sensación de pertenencia. Se perciben como incompletas, con algo "deficitario" en su interior, y llegan a obsesionarse con entender qué les falta, lo que las conduce a una búsqueda constante de relaciones tóxicas, en las que reviven el rechazo y el abandono, a menudo desencadenados por su propia inestabilidad emocional. Es frecuente la aparición de síntomas como la irritabilidad o el desbordamiento emocional, sin que logren identificar con claridad su causa. No se sienten válidas ni capaces, y pueden creer que no son buenas personas y por ello fueron abandonadas. La lucha interna es constante, lo que provoca una dicotomía entre establecer relaciones afectuosas y alejarse de las mismas, rehenes de sus propias emociones imposibles de narrar o pronunciar por inexplicables. Debido a esto muchas veces optan por desconectar de ellas, lo que da lugar a disociaciones gravísimas que causan daños terribles en sus vidas.

El no encontrar entornos que comprendan la raíz de su malestar y que ayuden a su expresión y gestión emocional es a veces peor que no haber generado la propia adopción. Los hemos sacado de un destino cruel e incierto para dejarlos a la deriva con un dolor emocional invalidante, aunque estén seguros físicamente y atendidos en todas sus necesidades primarias. Calificar de *mala conducta* lo que debería estar clasificado como sintomatología del trauma o desregulación emocional secundaria es una constante alrededor de la vida de los niños adoptados.

6.8 EL RECONOCIMIENTO DE LAS INSTITUCIONES PÚBLICAS DE PROTECCIÓN

Un plan de intervención adecuado debería tener presente el contexto de la adopción y vigilar ese contexto de forma institucional para asegurar la prevención, detección y tratamiento de los aspectos psicoemocionales que puedan derivar de la ruptura del vínculo de apego y la expulsión de los vínculos de pertenencia anteriores a la adopción.

Este plan debería incluir valoración preadoptiva; formación específica a las familias; seguimiento postadoptivo continuado y mantenido; terapia especializada; coordinación multidisciplinar entre familia, escuela, servicios sociales y profesionales sanitarios; recursos para valoraciones y diagnósticos precisos, y, lo más importante, "el reconocimiento institucional", dirigido a entender que el niño adoptado es un ser doliente con una herida estructural y no un niño cualquiera que presenta alteraciones sin origen o evolutivas.

Implicaría reconocer e incluir el síntoma "adopción" en las historias clínicas y escolares, sin etiquetar al niño, sino como dato que aporte estructura al desarrollo de la historia previa del menor, como guía que contextualice la circunstancia y el origen de la sintomatología que se presente. A su vez implicaría el reconocimiento de la necesidad de crear unidades especializadas referidas a la adopción y trauma temprano.

Es necesario legislar el respaldo del derecho del menor adoptado a ser tratado de forma individual y desde una mirada de comprensión reparadora, no como alguien que se porta mal con una pobre familia que no ha hecho más que quererle y darle mejor vida, un punto de vista que desgraciadamente se puede oír bastante a menudo.

Se debe velar por la protección de garantía de los derechos y necesidades específicas de los menores infantojuveniles adoptados para que sean atendidos adecuadamente por las administraciones, tanto sanitarias como sociales y judiciales. El objetivo es empezar a tratar desde las necesidades especiales, tanto a nivel educativo, facilitando adaptaciones si fuera necesario, como a nivel sanitario, aportando protocolos para la detección del trauma temprano.

6.9 CONCLUSIÓN

La familia rota, el sujeto herido y una sociedad que paga el precio de su propio fracaso es lo que debemos evitar. Ya sabemos que los actuales patrones de actuación en materia de adopción están obsoletos y no funcionan. Nos guste o no, tendremos que cambiar nuestra forma de acompañar a los niños adoptados. Ellos son el futuro de una sociedad envejecida, con una pirámide demográfica invertida: sin nacimientos, con cada vez menos población activa y más personas dependientes.

Hoy tenemos por delante un reto ilusionante y tiempo de calidad para afrontarlo. Un tiempo precioso para transformar procesos, revisar patrones y romper con creencias limitantes. Un tiempo para hacer de la adopción un camino inmejorable, digno de ser vivido.

7

CRECIENDO JUNTOS: HABILIDADES ESENCIALES PARA PADRES Y MADRES ADOPTIVOS Y EL PODER DEL APOYO COLECTIVO

Montse Lapastora

7.1 INTRODUCCIÓN

Desde hace décadas, la adopción ha puesto de manifiesto dificultades profundas y complejas tanto para los niños adoptados como para las familias que los reciben. Aunque la llegada de un niño pequeño parece augurar una adaptación sencilla, con el tiempo, se hacen evidentes las huellas del abandono, el maltrato y la ruptura de sus vínculos de origen.

Los adolescentes y jóvenes adoptados suelen experimentar un conflicto interno entre sus identidades culturales y personales, lo que intensifica las dificultades en el proceso de integración familiar. A pesar de los avances en el conocimiento sobre la adversidad temprana, hace años los adoptantes desconocían el impacto real de incorporar a un niño con una historia previa a una familia nueva, lo que generaba actuaciones inadecuadas por parte de los padres y familiares.

La adopción no es únicamente el acto de incorporar a un niño en una familia, sino el inicio de una convivencia que requiere adaptación mutua, comprensión profunda y tiempo. A diferencia de la crianza biológica, los niños adoptados no siempre están preparados para establecer vínculos emocionales de forma inmediata; muchos han vivido experiencias traumáticas que afectan su capacidad para confiar. Mientras los padres se vinculan con entusiasmo desde el primer encuentro, los niños pueden sentirse desconcertados o incluso asustados ante quienes son aún desconocidos para ellos.

Además de los problemas emocionales, surgen dificultades en diferentes ámbitos: integración escolar, comportamientos derivados de la historia previa, necesidad de apoyo terapéutico... Todo ello puede aumentar el estrés familiar. De hecho, algunos estudios muestran que las expectativas de los padres antes de adoptar suelen ser más optimistas que la realidad postadoptiva con la que se encuentran. En esta segunda etapa, el estrés acumulado en las familias por las dificultades señaladas hace que la frustración y las respuestas agresivas de los padres aumenten.

Por todo ello, es esencial ajustar las expectativas a la realidad, adquirir competencias parentales específicas y aceptar que cada niño tiene su propio ritmo. La adopción no es una solución rápida ni un acto idealizado: es un camino de crecimiento compartido, en el que el respeto, la paciencia y el acompañamiento amoroso permiten construir vínculos sólidos y verdaderamente transformadores. En este proceso, la actitud, comportamiento, paciencia, empatía y saber estar de los padres es fundamental para proporcionar un hogar feliz y seguro a los niños.

7.2 ESTRÉS EN LAS FAMILIAS ADOPTIVAS

El estrés en las familias adoptivas no es un fenómeno puntual ni aislado: está arraigado en la complejidad del propio proceso adoptivo y en las historias que lo preceden. Todo niño o niña adoptado ha vivido una forma de abandono, ya sea físico, emocional, institucional o por negligencia. Esta experiencia deja huellas visibles o invisibles en su desarrollo emocional, cognitivo y relacional.

Además, el proceso adoptivo implica convivir con una dualidad inevitable: la existencia de dos pares de figuras parentales. La familia biológica no desaparece con la sentencia de adopción. Sigue presente —en la memoria, en los interrogantes, en los silencios—, y su invisibilización puede convertirse en una fuente constante de malestar para todos los miembros de la nueva familia. Cuando los adultos no reconocen ni integran esta parte de la historia, los hijos no sienten libertad para expresarse, y esto da lugar a una dinámica familiar tensa y cerrada.

Por tanto, uno de los mayores desafíos es aceptar plenamente que los hijos adoptivos no llegan como una hoja en blanco, sino como personas con una historia previa que necesita ser escuchada, comprendida y validada.

Muchas madres y padres adoptivos han atravesado procesos largos, inciertos y emocionalmente exigentes antes de concretar la adopción. Esta trayectoria genera una motivación fuerte por ser "buenos padres", lo que, paradójicamente, puede volverse una fuente de angustia. El deseo de hacerlo todo perfecto, de compensar el sufrimiento vivido por el hijo, de ser siempre comprensivos puede transformarse en una trampa emocional y añadir mucho estrés a las situaciones cotidianas y a la convivencia en general. En estas situaciones, cuando surgen dificultades —como problemas de conducta, falta de vinculación o conflictos cotidianos—, aparecen dudas: ¿será por lo que ha vivido mi hijo?, ¿lo estaré haciendo mal?, ¿no soy suficientemente paciente?, ¿será que no sé ser madre?, etc. Estas preguntas, aunque legítimas, aumentan la presión interna y el malestar.

Aceptar que la parentalidad adoptiva implica aprendizajes continuos, que no existe una fórmula mágica ni una crianza sin errores, ayuda a relativizar las propias exigencias. La autocompasión, el permiso para equivocarse y la conciencia de que cada vínculo se construye con tiempo y paciencia son elementos fundamentales para mitigar el estrés.

Otra fuente de estrés muy poco visibilizada es la actitud del entorno cercano, que generalmente se caracteriza por el desconocimiento, la crítica y la incomprensión. Familiares, amistades, maestros o profesionales de la salud, en muchos casos, carecen de herramientas para comprender las complejidades de la adopción, por lo que sus comentarios, aunque bien intencionados, pueden ser profundamente invalidantes. Algunos comentarios son de este tipo:

- "Todos los niños tienen rabietas".

- "Lo que necesita es una buena mano dura".

- "Con amor todo se arregla".

- "No pongáis excusas, lo estáis consintiendo demasiado".

Estas frases, lejos de ayudar, aíslan a la familia adoptiva, debilitan su confianza y hacen que aquellas preguntas en las que se cuestionaban como padres tomen más relevancia. El aislamiento emocional que sienten proviene no solo del agotamiento interno, sino también del juicio externo que no reconoce lo que están viviendo.

En estos casos, es fundamental que las familias aprendan a poner límites, con cariño pero con firmeza, busquen redes de apoyo con otras familias adoptivas y se rodeen de profesionales formados en abandono, trauma, apego y resiliencia. Una red de contención adecuada puede marcar la diferencia entre el colapso y la recuperación emocional.

Otra fuente de estrés es la desincronización afectiva: la creación del vínculo entre padres e hijos no se da de forma simétrica ni emplea los mismos tiempos. Mientras los padres suelen formar un vínculo emocional con su hijo o hija desde el momento en que reciben su asignación o incluso antes, el niño no tiene el mismo punto de partida. Para él o ella, el encuentro con esa familia representa un nuevo corte: ha perdido su entorno, sus figuras conocidas, sus olores, su idioma y sus figuras referenciales. Por tanto, la experiencia del primer abrazo es diametralmente opuesta para unos y para otros.

Los niños necesitan tiempo, seguridad y repetición para construir confianza y comenzar a vincularse. Esta falta de sincronía puede generar estrés, frustración, tristeza o culpa en los padres, que no entienden por qué el amor que ofrecen no tiene una respuesta inmediata o recíproca.

Comprender que el apego se construye con constancia, y que muchos niños necesitarán reconstruir la capacidad de confiar, permite bajar o cambiar las expectativas, aliviar tensiones y desculpabilizarse. Al entender que no es culpa suya, sus actitudes y maneras de actuar son más distendidas y tranquilas.

Todo lo señalado en este apartado genera mucho estrés, por lo que es muy importante saber gestionarlo. Algunas indicaciones para hacerlo serían las siguientes:

- Aceptar la historia completa del hijo: hablar abiertamente (con sensibilidad) sobre su historia y su origen, sin censuras ni tabúes.

- Realizar un trabajo personal: revisar miedos, inseguridades o creencias propias sobre la parentalidad.

- Buscar apoyo profesional y comunitario: terapia familiar, grupos de apoyo, profesionales especializados.

- Cuidarse emocionalmente: descansar; buscar espacios de ocio y esparcimiento; tener tiempo libre fuera de casa con salidas de amigas, compañeros, etc., y mantener espacios solo de pareja y personales.

- Formarse en crianza adoptiva: entender el trauma, el apego y las consecuencias de la adversidad temprana.

7.3 CÓMO LIDIAR CON LOS CASOS MÁS GRAVES

En algunas ocasiones, las consecuencias del abandono y el maltrato son tan graves que provocan serios problemas de salud mental en las personas que los han sufrido. Podemos ver niños y niñas con un trastorno del apego reactivo, o con un grado de disociación que les impide tener contacto con la realidad, o adolescentes que intentan calmar su malestar con sustancias o cosas externas como las drogas, el sexo, el juego, los robos, etc., lo que genera en ellos adicciones o una agresividad difícil de contener. En definitiva, son situaciones que hacen que la convivencia familiar sea imposible.

Es muy difícil dar consejos o decir qué se tiene que hacer en estos casos, porque cada persona es única, pero sí hay algunas cosas que pueden orientar.

Enfermedad mental. Entender que el hijo o la hija tiene una enfermedad mental y desmitificar este término es importante. Una enfermedad mental es aquella en la que los pensamientos, las emociones, los sentimientos, el estado de ánimo y los comportamientos se ven afectados de tal manera que impiden llevar una vida funcional. Hay muchos grados de enfermedad mental entre los leves y los graves.

En estos casos, como en todos, hay que hablar al hijo o hija de las dificultades que estamos viendo, transmitirle que sus padres ya no saben cómo ayudarle, que a pesar de haberlo intentado todo ven cómo sigue sufriendo y por eso es necesario llevarle a un profesional que nos ayude a todos a gestionar esas situaciones tan dolorosas para toda la familia.

Acudir a terapia. Las terapias recomendadas serían: a) terapia especializada en trauma y apego, b) modelos de terapia basadas en el apego, como la Terapia Basada en la Mentalización (TBM), c) terapia de EMDR (desensibilización y reprocesamiento a través del movimiento ocular) y d) terapias somáticas como la Experiencia Somática (SE) o la Terapia Sensorimotriz, que trabajan con la respuesta fisiológica al trauma.

Valoración psiquiátrica. Es fundamental que cuando hay conductas muy disruptivas, adicciones, depresión, deseo de morir, intentos de suicidio, autoagresiones y agresiones, etc. el tratamiento sea abordado también con medicación. La desregulación que se produce en el cerebro se puede intentar estabilizar o minimizar con química y esto también disminuiría el nivel de sufrimiento y ayudaría al tratamiento psicológico.

Cuando todo falla. En algunos casos la convivencia se ha convertido en una guerra familiar en la que todos sufren y en la que no se sabe cómo parar. Hay situaciones de mucha violencia en las que se ponen en riesgo la conducta de los hijos e hijas y la de los padres, y no se puede mantener dicha convivencia por el bien de ambas partes. En estos casos es necesario un alejamiento, para poder establecer y recuperar cierto orden y bienestar. Entiendo que esto es durísimo, pero puede ser una manera de reconducir la situación.

Este alejamiento puede ser llevado a cabo a través de un centro de internamiento o internado. No se trata de abandonarlo de nuevo, y así hay que explicárselo. El contenido de la explicación podría ser algo parecido a esto: "Lucía, nosotros te queremos y hemos hecho todo lo que hemos podido y sabido para que esta situación no se mantuviera, pero vemos que no somos capaces de lograr que no te hagas daño ni que nos lo hagas. Te vamos a llevar a un centro en el que te pueden ayudar, ellos saben cómo hacer para que no te sientas tan mal y el dolor no se apodere de ti convirtiéndolo en una conducta de riesgo. No te estamos abandonando, te queremos y te estamos protegiendo para que puedas llegar a ser feliz y que todos podamos recuperar la familia que somos".

El que esté en un centro no significa que se le deja allí y ya está, significa que los padres siguen pendientes de él o ella, haciéndose presentes con visitas, llamadas y participando en todo lo que se pueda.

En otras ocasiones, si los padres pueden costearlo económicamente, se le puede alquilar un apartamento o habitación compartida. Aquí también los padres siguen pendientes de su hijo o hija, de sus comidas, de su ropa, de sus citas médicas o de cualquier otra circunstancia de la que él o ella, sola, no pueda hacerse cargo.

Repito que esto es muy doloroso, pero no se trata de abandonarle, sino de proporcionarle la protección suficiente para evitar que se dañen los unos a los otros.

TEAF (Trastorno del Espectro Alcohólico Fetal). En este apartado, no puedo dejar de mencionar el TEAF, puesto que es un trastorno grave y todavía muy desconocido. El TEAF se origina cuando se ingiere alcohol en el embarazo; no hay una cantidad segura que garantice la afectación y esta puede ser leve o grave. El TEAF es la única enfermedad mental evitable y uno de los problemas actuales con este trastorno es que está infradiagnosticado.

En muchos de los casos graves que vemos hay un TEAF subyacente. Son niños, niñas y adolescentes que pueden tener un comportamiento muy disruptivo, que no aprenden de su experiencia, que no son capaces de manejar el tiempo ni el dinero... Además, pueden llegar a ser agresivos, generalmente con fracaso escolar, porque no pueden aprender por su afectación y no tienen ni mantienen amistades. Estos casos tan graves pueden terminar judicializados; se les imputan delitos como si fueran delincuentes, y no lo son, lo que les ocurre es que su cerebro no tiene un funcionamiento adecuado.

Si este es el caso de alguno de tus hijos o hijas, lo más conveniente sería hacerle una valoración para ver si tiene TEAF. Es una enfermedad crónica, pero se pueden tratar sus síntomas.

7.4 BENEFICIOS DE LOS GRUPOS DE APOYO A LAS FAMILIAS ADOPTIVAS

El proceso de convertirse en familia adoptiva, aparte de todas las alegrías y satisfacciones que proporciona, puede ser un proceso en el que los padres y madres se sientan muy solos.

En muchos casos, se enfrentan a situaciones para las que no estaban completamente preparados y que no siempre encuentran eco en su entorno cercano. La falta de modelos familiares similares, la incomprensión de amigos o familiares y la poca formación de algunos profesionales en el ámbito de la adversidad temprana pueden hacer que las familias sientan que están lidiando con sus dificultades sin apoyo externo. Es en este contexto donde los grupos de apoyo se convierten en un recurso valioso, pues proporcionan no solo orientación y herramientas, sino también un espacio de contención emocional en el que compartir experiencias sin miedo a ser juzgados.

Uno de los principales beneficios de los grupos de apoyo es que permiten a las familias normalizar sus vivencias. Las consecuencias de la adversidad temprana provocan una serie de particularidades y comportamientos en sus hijos e hijas que hacen que los padres y madres se sientan diferentes a otras familias. Encontrar un espacio en el que otras personas han vivido o están viviendo situaciones similares ayuda a reducir la sensación de aislamiento y permite entender que las dificultades que están viviendo no responden a un fracaso personal, sino que es una parte del proceso. Compartir con otras familias adoptivas permite validar emociones como la frustración, la fatiga emocional o la incertidumbre, dándoles un sentido dentro del contexto de la parentalidad adoptiva.

Otro aspecto fundamental de los grupos de apoyo es el intercambio de estrategias y recursos. Muchas veces, las dificultades en la crianza adoptiva requieren enfoques distintos a los utilizados en la crianza biológica. En los grupos de apoyo, las familias pueden compartir técnicas, recomendaciones de profesionales especializados y herramientas que han sido útiles en su experiencia.

Además de los beneficios para los padres y madres, los grupos de apoyo también pueden ser fundamentales para los niños y niñas adoptados. Poder relacionarse con otros niños y niñas que también han sido adoptados les ayuda a construir su identidad de manera positiva, sin sentirse diferentes o fuera de lugar. En algunos casos, los niños y niñas pueden sentirse aislados en su entorno escolar o social al no conocer a otras personas que hayan pasado por experiencias similares. La participación en espacios donde la adopción es vista con naturalidad y donde pueden compartir sus dudas y sentimientos puede ayudarlos a procesar su historia de manera más sana y fortalecedora.

Hay diferentes grupos de apoyo, pero Independientemente del tipo de grupo que sea, lo importante es que las familias encuentren un espacio donde puedan hablar abiertamente sobre sus preocupaciones y recibir acompañamiento en su proceso de crianza. En muchos casos, los grupos de apoyo pueden marcar la diferencia entre vivir dicha crianza con angustia o entenderla con mayor seguridad y confianza.

7.5 REPARACIÓN VS. RETRAUMATIZACIÓN

Todos somos el resultado de nuestra genética en relación con el ambiente, somos la suma de lo bio-psico-social y por ello me gustaría incidir en el importantísimo papel de los padres en la crianza adoptiva mencionada reiteradamente en este capítulo.

Es verdad que los niños y niñas tienen una carga genética, es verdad que la vida preadoptiva, el abandono y la adversidad temprana marcan el desarrollo de los niños y niñas, pero también es verdad que los padres adoptivos pueden hacer mucho con todo eso que trae su hijo o hija.

En el trabajo diario vemos a muchos padres que son absolutamente comprensivos, que saben de dónde vienen las dificultades de sus hijos e hijas y las entienden y aceptan, que se informan y forman sobre cómo actuar, que saben acompañar emocionalmente a sus hijos y que, en definitiva, constituyen una familia reparadora en la que su hija o hijo va adquiriendo seguridad y construyendo un fuerte vínculo emocional.

Pero también vemos otras familias, y son muchas, que no entienden nada, que ponen todas las dificultades en sus hijos, que los traen al Centro para que "les enseñemos a comportarse", que no escuchan nada de lo que se les dice, que no inician ningún proceso de reflexión sobre ellos mismos y su implicación en el malestar de sus hijos e hijas, que niegan su pasado, etc. Estos son padres y madres absolutamente retraumatizantes, que se lo ponen a los hijos muy difícil a la hora de vincularse con ellos. Estos niños tienen el sufrimiento añadido de la falta de comprensión y la sobrecarga de que, al parecer, todos los problemas que hay en su familia son por su culpa.

En este grupo de padres y madres se encuentran aquellos que no se consideran racistas (todos lo somos en mayor o menor medida, aunque sea sin querer e inconscientemente), que creen que a sus hijos e hijas negros, asiáticos, indios etc. nunca les ha pasado nada negativo por su color de piel, que creen que, como ellos quieren mucho a sus hijos, eso los protege de comentarios racistas o xenófobos. Estos padres y madres no afrontan el racismo, no les explican a sus hijos lo que es, niegan que esto les ocurra a ellos y, por lo tanto, no los protegen de ese racismo que está en todas partes y que tanto daño hace. Esto es, también, totalmente retraumatizante.

Desde aquí me gustaría hacer un llamamiento para que todos —padres, madres, profesores, profesionales de la salud, etc.— llevemos la mirada hacia nuestro interior e identifiquemos cuáles son nuestros fantasmas, esos que nos impiden conectar con los niños y niñas con los que trabajamos y que son solo nuestros fantasmas, y no suyos, para ofrecerles una mejor crianza.

7.6 TESTIMONIOS

M.A (trabajadora social) y C. P. (profesor de instituto)

Cuando adoptamos a nuestra hija en Colombia, esta tenía 14 meses. Recuerdo la emoción y la ilusión con la que viajamos para traerla a casa, convencidos de que el amor lo solucionaría todo. Pero la realidad fue muy diferente a la que imaginamos. Desde el principio, la adaptación fue difícil. Nuestra hija rechazaba el contacto físico, lloraba sin consuelo y tenía unas rabietas que nos desbordaban. Nosotros esperábamos ser una familia normal, pero no estábamos preparados para comprender el impacto del abandono en su corta vida; no teníamos herramientas para tratarla y calmarla, ni para nosotros a la hora de poder comportarnos con tranquilidad, seguramente la que ella necesitaba y no le supimos dar.

Los primeros años fueron un reto constante. Nos costaba conectar con ella y la tensión en casa crecía. No entendíamos su rechazo, sus miedos ni sus explosiones de ira. La adolescencia trajo consigo problemas aún más complejos: desafíos en la escuela, conflictos familiares, porros y momentos en los que llegamos a sentirnos totalmente perdidos. Fueron años de esfuerzo, mucha terapia y aprendizajes que pusieron a prueba nuestro vínculo como familia.

No fue hasta que cumplió los 23 años cuando empezamos a ver un verdadero cambio. Con el tiempo, ella misma comenzó a entender su historia y su dolor, y nosotros aprendimos a acompañarla sin esperar que se comportara como la hija que habíamos imaginado. Hoy, después de mucho trabajo y muchas lágrimas, nuestra relación se ha estabilizado. No ha sido un camino fácil y no es un camino de rosas, pero hemos aprendido que el amor no es suficiente.

Testimonio de S.

Soy madre adoptiva de tres hijos de 27, 24 y 16 años. Los dos mayores han vivido su infancia, adolescencia y comienzos de su vida adulta con algunas dificultades que hemos podido ir sorteando, pero el pequeño ha tenido problemas desde temprana edad con la adaptación en el entorno escolar y social, que han derivado en situaciones de acoso escolar, inadaptación, cambios de centros escolares continuos, incapacidad de mantener amistades a largo plazo, etc.

Otra madre adoptiva de mi entorno me recomendó el grupo en un momento muy difícil, cuando mi hijo estaba entrando en la adolescencia y teniendo comportamientos muy disruptivos e incluso agresivos que yo no llegaba a entender y no sabía cómo afrontar. Sentía una enorme incomprensión por parte de profesores e incluso familiares muy cercanos, que atribuían las conductas problemáticas a una falta de disciplina parental. Tras haber pasado por un divorcio y viviendo la situación con poco apoyo, fluctuaba entre constantes sentimientos de culpabilidad, inadecuación como madre y miedo por el futuro de mi hijo.

Entrar en el grupo de postadopción fue un soplo de aire fresco, porque de repente entendí que yo no era la única, no estaba sola, no era una excepción porque "lo estaba haciendo mal y consentía a mi hijo." Con ayuda del grupo, he llegado a comprender que mi hijo tiene una discapacidad invisible que le dificulta la gestión emocional, y que yo lo estaba haciendo lo mejor posible con las herramientas que tenía. Quitar esa losa de culpabilidad ha sido determinante y un gran alivio.

Cada semana, compartimos vivencias con otros padres que están viviendo situaciones similares o paralelas, con la seguridad que aporta tener la presencia de una gran profesional que ofrece en todo momento otras perspectivas que arrojan luz a las situaciones cotidianas que pueden ser tan disruptivas y difíciles de gestionar.

Escuchar las experiencias de las demás familias me ayuda a prevenir conflictos futuros y a resolver los actuales, porque soy capaz de reconocerlos con otra mirada. Mi hijo ya no es "un maleducado" que actúa mal para llamar la atención, es un niño asustado que reacciona ante situaciones que no sabe gestionar y le paralizan.

El cambio más importante desde que estoy en el grupo es el mío propio: cómo gestiono yo las crisis de mi hijo condiciona absolutamente cómo responde y reacciona él. Aprender a retirarme de la situación y darle espacio. A permitir el portazo y dar tiempo a la reflexión. De comprender que el grito es una llamada de auxilio. Del poder de un abrazo en el momento justo. Que cuando peor "se porta" es cuando más me necesita. De la importancia de la calma, de respirar... Y poco a poco, aunque es un camino largo lleno de altibajos, veo cambios y avances en él: las crisis se distancian, el tiempo de reflexión para corregir se acorta, está aprendiendo a verbalizar lo que siente...

Además, aunque yo estaba bajo la (equivocada) impresión de que mis hijos mayores no tenían grandes secuelas del trauma de abandono, ahora reconozco muchas conductas de su adolescencia que demuestran lo contrario. Esto ha favorecido conversaciones profundas y sanadoras, y la búsqueda de apoyo terapéutico que hasta el momento no creían necesitar.

Todo esto hubiera sido imposible sin el apoyo del grupo. Ya no estoy sola, y sé que puedo compartir cualquier situación o emoción sin juicios y sintiéndome comprendida y arropada. Es un espacio seguro donde podemos bajar las barreras y llorar cuando lo necesitamos, pero también de reírnos juntos, en retrospectiva, sobre situaciones que vivimos que otras personas jamás entenderían.

8

TESTIMONIOS DE JÓVENES ADOPTADOS

Luz Muñoz Asenjo

Este es el capítulo más importante del libro y recoge el testimonio de siete jóvenes.

Para construirlo, invitamos a muchos jóvenes adoptados a participar, para responder a las siguientes preguntas con completa libertad: ¿Qué significa para ti la adopción? ¿Qué sientes? ¿Cómo la vives?

El resultado es una recopilación de testimonios conmovedores, honestos y reveladores de las distintas vivencias que tienen.

Este capítulo reúne siete voces, siete formas de mirar la adopción desde dentro. Hablan de gratitud, de dolor, de aceptación, de lucha y de responsabilidad. Invito a leerlos con atención, respeto y mente abierta.

Hemant García Puente

Mi nombre es Hemant García Puente, tengo 23 años, vivo en Madrid y fui adoptado en Calcuta, India.

Me formé en Ingeniería Informática con especialización en Ciberseguridad y Hacking Ético y actualmente trabajo en consultoría tecnológica para entidades financieras internacionales.

Antes de empezar, quiero agradecer la oportunidad de compartir mi historia y mis vivencias sobre lo que significa para mí la adopción.

También mi gratitud por recoger estas experiencias en un libro que, sin duda, servirá de guía tanto a familias adoptivas como a jóvenes adoptados que, como yo, han recorrido este camino.

A simple vista, podría parecer que soy una persona con un futuro prometedor, con un currículum envidiable y una trayectoria bien definida. Pero lo cierto es que, como cualquier joven, he tenido dudas, miedos y momentos de incertidumbre.

Durante años sentí que iba un paso por detrás de los demás, que no sabía qué camino tomar y que, en ocasiones, me frenaba el miedo a equivocarme. Sin embargo, aprendí que esos obstáculos no determinan quién eres, sino cómo decides afrontarlos.

Provengo de un orfanato en Calcuta fundado por la Madre Teresa de Calcuta.

Mis orígenes son humildes y, siendo sincero, si no hubiera sido adoptado, no sé qué habría sido de mí. Pero no miro mi pasado con tristeza, sino con gratitud. No como una limitación, sino como un punto de partida.

Como decía la Madre Teresa: "No todos podemos hacer grandes cosas, pero sí cosas pequeñas con un gran amor". Y eso es lo que intento hacer cada día: aprovechar cada oportunidad con pasión y agradecimiento.

Si algo ha sido constante en mi vida, ha sido mi familia. Sin importar cuándo ni dónde, siempre he contado con su apoyo incondicional. Ellos me han enseñado el valor del esfuerzo, de la perseverancia y de la confianza en uno mismo.

Mahatma Gandhi decía que "la fuerza no viene de la capacidad física, sino de una voluntad indomable". Y es esa voluntad la que me impulsa a seguir adelante, a aprender de cada error y a construir mi propio camino.

Entonces, ¿qué significa la adopción para mí?

Significa oportunidad. Significa amor. Significa aprendizaje.

No es un destino, es un camino que sigo recorriendo cada día.

Gracias a mi familia, hoy enfrento la vida con valentía, sin miedo a equivocarme, porque sé que cada error trae consigo una lección.

Si eres un joven adoptado que alguna vez ha sentido que no encaja o que va un paso por detrás, quiero decirte algo: tienes el derecho y la capacidad de construir la vida que deseas.

En resumen, mi familia es mi hierofanía, mi fortaleza y por ellos seguiré creciendo y mejorando. Mi mayor deseo es, algún día, poder devolverles la alegría que ellos me han dado cada día de mi vida.

Cao Sheng Alicia Martínez-Simancas

Cuando una familia te abandona, no solo pierdes un hogar: te desvaneces un poco en el mundo. Pero cuando lo hace la misma familia que te adoptó, no solo duele, te borra dos veces. Te deja sin origen y sin destino. Por eso no se adopta para llenar vacíos propios, para tapar grietas ajenas o para colgarse medallas emocionales. Porque si no vas a sostener, acompañar y amar cuando todo duela, no adoptes. Si eres adoptado y has pasado o estás pasando por esto, tus sentimientos son válidos. No estás loco. No estás solo. Yo te entiendo.

Meena

Ojos negro perla
India, uno de muchos países con desnutrición,
repleta de niños hambrientos y sin ilusión,
familias rotas con mucha explotación, delincuencia y prostitución,

si todo sigue así, acabará siendo un país en destrucción.
India, lugar de origen de muchos adoptados,
niños, perdidos, enfermos o abandonados,
pequeños con traumas y heridas no tratados,
un montón de ellos esperando ser adoptados.
Llega el día en el que se dibuja una sonrisa
en esa monja que cuida de ellos todos los días,
esperanza, alegría, respuesta por fin a sus plegarias,
una familia nueva, nueva vida y nuevas experiencias.
Un viaje largo, a veces directo y otras con escala,
un viaje duro, largo y lleno de miradas
que lo analizan todo y que no entienden nada,
un nuevo miembro en una historia hasta la mitad contada.
Adaptarse, aprender y observar,
cualquier cosa con tal de avanzar,
pequeños que crecen en un nuevo entorno familiar,
uno en el que ellos deben encajar,
y si no lo hacen mal pueden volver a acabar.
Frágil y breve momento en el que los peques van creciendo,
adaptándose a los padres que les tocaron,
a los cuales no eligieron y de los que han ido aprendiendo
a no hacer caso a esos traumas que nunca sanaron.
Traumas e inseguridades heredados,
injustamente inculcados,
infancia, adolescencia y juventud truncada,
dejándoles una realidad mucho más complicada.
Problemas de actitud, introversión y soledad,
unos niños que dejaron de soñar,
agresividad, miedo y maldad,
todo lo que los lleva a desconfiar.
A menudo confundido ser referente con ser teniente,
convirtiendo a niños en meros oyentes,
vidas narradas por otros, vividas por cuerpos a la deriva,

causados por adultos con una vida y actitud esquiva.
Nueva realidad en la que los niños se deben tratar,
niños con traumas e inseguridad, buscando ayuda para sanar,
nuevos adultos, más conscientes y con ganas de mejorar,
padres que acompañan a entender el mundo y madurar.
Los que en su momento fueron niños adoptados
han pasado a ser adolescentes maltratados,
niños y jóvenes callados o silenciados
y adultos con miedo a ser ayudados y tratados.
Injusticia, aquella de adoptar sin antes sanar.
Injusticia, la de ser padres que no saben educar.
Injusticia, la de salvar a pequeños de esa realidad
para acabar dándoles otra que es una crueldad.
Admirables son esos niños que tuvieron que madurar.
Admirable es crecer, sanar y tratar para poder avanzar.
Admirable es trazar unos objetivos sanos y llegar a conseguirlos.
Admirable es reconocer tus fallos y tratarlos antes de inculcarlos.

Pranavi Khandekar

Chosen, Not Abandoned
I was not let behind—I was guided forward.
It wasn't rejection —I was chosen with hope.
A decision shaped not by loss, but by love,
One made to give me a life filled with warmth and care.

For the longest time, I carried anger,
A deep resentment toward the woman who gave me life—
My so-called "birth giver."
I saw her choice as abandonment,
As if she had left me without a second thought.

But now, I see it differently...
She did not leave me to suffer;
She made a choice to give me a life she couldn't provide.

And in that choice, my mother found me.
The woman who didn't birth me from her body,
But from her heart—with a love deeper than blood.
She is my home, my safe haven, my world.

She has held me through every storm,
Fought for me when I couldn't fight for myself,
Loved me with a certainty that has never wavered.
No, I wasn't discarded. I was **redirected.**
I was not cast aside, but **considered with care.**
I was not left unwanted,
But placed exactly where I was meant to be.

It was never about removing me, but about giving me **more**—
More love, more safety, more chances to thrive.

I am not just a story of what was lost,
But of what was found.
A story of the love that reached me,
And of the family that became mine.

It wasn't an end, it was actually the beginning.
A choice which was made for my good,
A path which was created with purpose,
A life that was always meant to be mine.

This is my truth. And it will remain.

Ranjana Fernández de Bobadilla

La adopción es un acto de amor incondicional. Es abrir el corazón y el hogar a un niño que, por distintas razones, no ha podido crecer con su familia biológica. Pero la adopción no borra la historia anterior ni el derecho de esa persona a conocer sus orígenes. Para muchas personas adoptadas, descubrir sus raíces no es solo una curiosidad, sino una necesidad profunda para construir su identidad. Y en ese camino, el apoyo de los padres adoptivos lo cambia todo.

Algunas personas creen que querer saber de la familia biológica es una señal de ingratitud. Pero no es así. No se trata de elegir entre dos familias ni de reemplazar el amor de quienes te han criado. Se trata de encontrar respuestas, de entender tu propia historia y de juntar todas las piezas del puzle que forman quienes somos.

Los padres adoptivos que acompañan este proceso demuestran un amor que va más allá de los lazos de sangre. En lugar de ver la búsqueda de los orígenes como una amenaza, la entienden como una oportunidad para que su hijo se sienta completo. Saben que conocer a la familia biológica no cambia el amor que los une. Al contrario, su apoyo lo refuerza. A veces, una simple frase como "Estamos aquí" nos da la fuerza que necesitamos para dar el paso.

El momento de reencontrarse con la familia biológica está lleno de emociones. Ilusión, miedo, incertidumbre, esperanza... Todo se mezcla. Es un instante de enorme vulnerabilidad. Tener a alguien a tu lado que te sostenga, que te diga "No estás solo", lo cambia todo. No es solo estar presente físicamente, es ofrecer calma, comprensión y apoyo sin condiciones. Porque este proceso puede traer sorpresas, alegrías, pero también preguntas sin respuesta o incluso decepciones. Y ahí, el amor de quienes han estado siempre sigue siendo nuestro refugio.

Desde pequeña, siempre sentí curiosidad por mis orígenes. Quería saber quién era mi familia biológica, qué había pasado con ellos, si estaban bien y, sobre todo, si de verdad me habían querido.

Gracias a que mi madre siempre me impulsó y me apoyo, logré encontrarlos. No solo supe quiénes eran, sino que también entendí su historia, sus motivos y el amor que siempre sintieron por mí.

Me ayudó a completar un capítulo de mi vida que tenía borroso entre mi memoria e imaginación.

Testimonio sin firma I

Adopción. Para mí es muy dura la adopción, sobre todo cuando creo en una fantasía que no tiene que ver con la realidad.

Siempre pensando en un amor que me podrían dar desde la primera vez que me adoptan, adaptándose a lo que yo necesito y me falta, que, en mi caso, es mucho amor, mucho cariño, mucha sinceridad y, sobre todo, mucha atención de las personas que realmente van a estar para toda la vida.

Por una parte, está bien que los padres adopten, pero tienen que tener en cuenta que adoptar a un niño o a una niña no es fácil. Porque esos niños vienen inseguros, vienen mal a nivel de salud y a nivel emocional y, sobre todo, necesitan sentirse seguros, sentirse confiados. Así que hay que darles amor y tratarlos como se debe.

Ahora que soy más mayor me doy cuenta de muchas cosas, y una de ellas es esta: no adoptéis a niños si no les vais a dar ese amor que necesitan, no les hagáis la vida más imposible, ni que sufran tanto, sino todo lo contrario, hacerlos sentir cómodos, seguros, darles amor y seguridad.

Testimonio sin firma II

Adopción es una palabra que, para muchos, sigue siendo rara de escuchar; sin embargo, para mí lo significa todo. No puedo explicar mi experiencia como una persona adoptada sin hablar de mis padres, las dos personas que lo han dado todo por mí desde el día que fueron a recogerme a la India.

Siempre he sabido que soy adoptada, ya que mis padres, desde el primer momento, me han contado mi historia todas las veces que ha hecho falta, han respondido a mis preguntas y me han apoyado en el proceso que conlleva aceptar que me abandonó la persona que supuestamente no debería hacerlo porque es tu "madre".

Sin embargo, hace tiempo que me di cuenta de que es uno de los mayores gestos de amor que puede tener una persona: querer dar a tu hija una familia y un futuro que tú no puedes darle. Por eso siempre estaré agradecida a mi "madre biológica" por haberme dejado en un orfanato con la esperanza de que tuviese una familia y un futuro. Ojalá tuviese la oportunidad de decirle que lo consiguió y que lo tuve. Sin embargo, para llegar al punto en el que estoy ahora, para poder entenderlo, he pasado un largo proceso. Durante mucho tiempo, sobre todo durante mi infancia, tuve sentimientos de odio y de dolor hacia ella porque la culpaba de sentirme diferente al resto, de sentir que no pertenecía a ninguno de los dos países y por todas las inseguridades que eso generaba en mí.

Mis padres fueron los que me ayudaron a perdonarla, jamás tuvieron una mala palabra hacia ella y siempre trataron de hacerme entender que lo hizo por mí y por mi bien. Es por eso por lo que, a día de hoy, viéndolo con perspectiva años después y habiéndolo hablado y llorado lo suficiente, solo puedo agradecerle lo que hizo por mí, por abandonarme.

A pesar de esto, no creo ni considero que tenga que pasarme el resto de mi vida dándole las gracias o sintiéndome en deuda con mis padres, ya sean los biológicos o los adoptivos. Igual que algunas personas forman familias teniendo hijos biológicos, otras deciden adoptarlos y todas tienen el mismo valor y el mismo significado. Da igual ser una hija biológica que una hija adoptada, porque de ambas maneras eres hija.

Aunque mi experiencia con la adopción ha sido muy buena, tengo que reconocer que este proceso deja alguna que otra secuela. Esto lo digo basándome en mis vivencias y seguramente esta opinión sea compartida por muchas de las personas que somos adoptadas.

Este proceso conlleva un abandono y es algo que, en mi caso, siempre va a acompañarme a lo largo de mi vida. No como una etiqueta por haber sido una niña abandonada, sino como la inseguridad que siempre me ha producido y que siempre tendré en cualquier tipo de relación que establezca. El miedo a volver a sentir esa sensación de pérdida o de abandono por parte de una persona... A lo largo de mi vida siempre me he hecho y siempre me haré la misma pregunta para la que nunca conseguiré una respuesta: ¿por qué me abandonaron?

Y no, no llevo ni quiero tener que llevar la etiqueta de ser adoptada, pero tampoco quiero que eso signifique renunciar o rechazar mis orígenes, ni que mi experiencia por eso sea mala; la adopción es simplemente el inicio, desde donde parte mi historia, pero esa parte de mí tampoco define quien soy.

Por último, al igual que he empezado dándole las gracias a mis padres, no puedo terminar sin volver a hacer lo mismo porque gracias a ellos lo tengo todo: una familia, unos valores y un hogar. Desde mi punto de vista, eso demuestra que para ser familia no se tiene que compartir una genética, sino que lo que verdaderamente importa es el amor y la ilusión con la que mis padres han construido la familia que somos.

Por eso, papá y mamá, solo puedo daros las gracias por haber hecho de mí la persona que soy hoy.

CARTA PARA TI, SI ERES UNA PERSONA ADOPTADA

En todo lo que has vivido. En lo que a veces no se dice, no se pregunta o no se reconoce.

En lo que has sentido y en lo que aún no sabes cómo poner en palabras.

Quiero que sepas que no estás solo/a y que lo que has vivido merece ser entendido y respetado.

Ser adoptado no es solo una historia bonita, también es una historia de pérdidas: de una madre que no pudo quedarse, de una historia que empezó antes de que pudieras hablar, de una identidad que a veces parece dividida...

Y todo eso no se borra solo por tener una nueva familia.

Quizás sientas que te cuesta confiar, dejarte cuidar, estar tranquilo/a de verdad.

Tal vez no sepas por qué te enfadas tan rápido, o por qué sientes que no encajas del todo.

Puede que te preguntes si hay algo mal en ti.

No lo hay.

Lo que pasa es que hubo momentos en tu vida donde sentir, necesitar o confiar no era seguro. Y tu cuerpo, tu mente y tu corazón aprendieron a protegerse.

Eso no te hace débil.

Te hace alguien que ha sobrevivido como ha podido.

Y sí: eso deja huellas. Algunas duelen. Otras te han hecho fuerte.

Pero ninguna te define por completo.

Porque también hay algo en ti, algo que sigue queriendo vivir, amar, sentir, confiar.

Aunque a veces te cueste. Aunque a veces duela.

No estás roto/a. Estás en camino.

Hay esperanza.

Con ayuda, con vínculos buenos, con personas que no te juzguen, que te vean de verdad, se puede sanar.

No es inmediato, no es fácil. Pero se puede.

Y llegará un momento en el que puedas mirar tu historia con paz.

En el que sientas que perteneces.

En el que puedas confiar sin miedo, sentir sin que duela, estar bien sin tener que fingir.

Y cuando eso pase, aunque sea poco a poco, te darás cuenta de que no estabas solo/a.

Y de que, aunque el inicio fue difícil, tu historia merece ser contada.

Y vivida, entera.

Con todo mi respeto y cariño.

Una voz que te ve, te escucha y cree en ti.

BIBLIOGRAFÍA

Adopción y trauma complejo: claves para comprender y acompañar (Mabel G. Medina y Esther Blanco Antón)

Baita, S. (2023). *Tratamiento del trauma y la disociación en la infancia. Parte 1: En busca de la seguridad perdida.* Cámara Argentina del Libro.

Blanco, E. y G. Medina, M. (2024). *Los farolillos de Vega.* Ed. Babidibú.

Cortés Viniegra, C. (2020). *Cuéntame cuando sí anidé en una tripa y sí nací.* Basauri: . Editorial Desclée de Brouwer (Colección AMAE).

Cortés Viniegra, C. *Mírame, siénteme. Estrategias para la reparación del apego en niños mediante EMDR.* Basauri: Editorial Desclée de Brouwer (Colección AMAE).

González, A. (2024). *Entender y evaluar el apego. De las experiencias tempranas al modelo mental.* Imaya Editorial.

Huges, D. A. (2019). *Construir los vínculos del apego. Cómo despertar el amor en niños profundamente traumatizados.* Editorial Eleftheria, S.L.

Perry, B. D. y Szalavitz, M. (2017). *El chico a quien criaron como perro y otras historias del cuaderno de un psiquiatra infantil* (L. Barahona, trad.). Capitán Swing. Obra original publicada en 2006.

Neurodesarrollo y adopción (José Ramón Gamo y Francisco Javier Solís Olmos)

Abrines, N., Barcons, N., Marre, D., Brun, C., Fornieles, A., y Fumadó, V. (2012). ADHD-like symptoms and attachment in internationally adopted children. *Attachment & Human Development, 14*(4), 405–423.

Aramburu, I. (2014). Factores de riesgo y de protección en la adopción internacional. [Tesis de doctorado, Universitat Ramon Llull]. Repositorio institucional TDX (Tesis Doctorals en Xarxa).

Blakemore, S. J., Frith, U., y Marina, J. A. (2016). Cómo aprende el cerebro. (s. f.).

Bowlby, J. (1953). Some Pathological Processes Set in Train by Early Mother-Child Separation. *Journal of Mental Science, 99*(415), 265–272.

Bowlby, J. (1954). The effect of separation from the mother in early life. *The Irish Journal of Medical Science, 29*(3), 121–126.

Callejón-Póo, L., Boix, C., López-Sala, A., Colomé, R., Fumadó, V., y Sans, A. (2012). Perfil neuropsicológico de niños adoptados internacionalmente en Cataluña. *Anales de Pediatría, 76*(1), 23–29.

Castaño, J. (2002). Plasticidad neuronal y las bases científicas de la neurorrehabilitación. *Revista de Neurología, 34*(S1), 130.

Cederblad, M., Höök, B., Irhammar, M., y Mercke, A. M. (1999). Mental Health in International Adoptees as Teenagers and

Young Adults. An Epidemiological Study. *Journal of Child Psychology and Psychiatry*, 40(8), 1239–1248.

Delgado, J. G., Saavedra, M. M., y Miranda, N. M. (2022). Actualización sobre neuroplasticidad cerebral. *Revista Medica Sinergia*, 7(6), e829–e829.

Fernández Jáen, A., y Calleja Pérez, B. (2004). Trastorno por déficit de atención y/o hiperactividad (TDAH). *Abordaje multidisciplinar*.

Förster, J., y López, I. (2022). Neurodesarrollo humano: un proceso de cambio continuo de un sistema abierto y sensible al contexto. *Revista Médica Clínica Las Condes*, 33(4), 338–346.

García-Ron, A., y Sierra-Vázquez, J. (2010). Patología psiconeurológica en adopción internacional. *Anales de Pediatría Continuada*, 8(3), 162–165.

Gindis, B. (2001). Detecting and remediating the cumulative cognitive deficit in school age internationally adopted post-institutionalized children. *The Post: Parent Network for the Post-Institutionalized Child*, 27, pp. 1-6. (n.d.).

Gindis, B. (2005). Cognitive, Language, and Educational Issues of Children Adopted from Overseas Orphanages. *Journal of Cognitive Education and Psychology*, 4(3), 291–315.

Glennen, S. (2007). Speech and Language in Children Adopted Internationally at Older Ages. *Perspectives on Communication Disorders and Sciences in Culturally and Linguistically Diverse Populations*, 14(3), 17.

Palacios González, J., Manso, E. L., y Sandoval, Y. S. (2005). *Adopción internacional en España: un nuevo país, una nueva vida*. Ministerio de Asuntos Sociales.

Palacios González, J., Manso, E. L., y Sandoval, Y. S. (2005). Adopción y problemas de conducta. *Revista Iberoamericana* de *Diagnóstico Y Evaluación - E Avaliação Psicológica*, 1(19), 171–190.

Juffer, F., van Ijzendoorn, M. H., y Palacios, J. (2011). Recuperación de niños y niñas tras su adopción. *Infancia y Aprendizaje*, 34(1), 3–18.

Kleim, J. A. (2004). Cortical Synaptogenesis and Motor Map Reorganization Occur during Late, But Not Early, Phase of Motor Skill Learning. *Journal of Neuroscience*, 24(3), 628–633.

Lin, S. H., Cermak, S., Coster, W. J., y Miller, L. (2005). The Relation Between Length of Institutionalization and Sensory Integration in Children Adopted From Eastern Europe. *American Journal of Occupational Therapy*, 59(2), 139–147.

María, R., Roqueta Sureda, M. A., y Al, E. (2017). *Neuropsicología del abandono y el maltrato infantil*. Madrid: El Hilo Ediciones.

Martín Fernández-Mayoralas, D., Fernández Perrone, A. L., López Arribas, S., Pelaz Antolín, A., y Fernández Jaén, A. (2015). Trastorno por déficit de atención/hiperactividad y adopción. *Revista de Neurología*, 60(S01), 103.

Martínez Morga, M., y Martínez Pérez, S. (2017). Plasticidad neural: la sinaptogénesis durante el desarrollo normal y su implicación en la discapacidad intelectual. *Revista de Neurología*, 64(S01), S45.

Miller, L. C. (2005). *The handbook of international adoption medicine: a guide for physicians, parents, and providers*. Oxford Oxford Univ. Press.

Moe, V. (2002). Foster-placed and adopted children exposed in utero to opiates and other substances: prediction and outcome at four and a half years. *Journal of developmental and behavioral pediatrics (JDBP)*, 23(5), 330–339.

Muela, S. H., Delgado, F. M., Lorenzo, y Miranda, B. R. (2003). Niños adoptados: factores de riesgo y problemática neuropsicológica. *Revista de Neurología*, 36(S1), 108–108.

Ostrosky, F. (2015). *Desarrollo del cerebro. Neurociencias.* Honduras: Universidad Nacional Autónoma.

Palacios, J. (2009). La adopción como intervención y la intervención en adopción. *Papeles Del Psicólogo - Psychologist Papers*, 30(1), 53–62.

Palacios, J., Román, M., y Camacho, C. (2011). Growth and development in internationally adopted children: extent and timing of recovery after early adversity. *Child: Care, Health and Development*, 37(2), 282–288.

Palacios, J., Román, M., Moreno, C., y León, E. (2009). Family context for emotional recovery in internationally adopted children. *International Social Work*, 52(5), 609–620.

Palacios, J., y Sandoval, Y. S. (1996). Niños adoptados y no adoptados: un estudio comparativo. *Anuario de Psicología/the UB Journal of Psychology*, 6(71), 63–86.

Rodríguez Muñoz, C. J., y Izquierdo-Sotorrío, E. (2018). Revisión sistemática del apego en niños y niñas adoptados: una nueva experiencia de vinculación precedida de una separación y pérdida. *Actas del V Congreso Internacional en Contextos Psicológicos, Educativos y de la Salud. Volumen II.* Madrid, 21, 22 y 23 de noviembre de 2018. Departamento de Psicología y Salud.

Rutter, M. (1998). Developmental Catch-up, and Deficit, Following Adoption after Severe Global Early Privation. *Journal of Child Psychology and Psychiatry*, 39(4), 465–476.

Rutter, M. L., Kreppner, J. M., y O'Connor, T. G. (2001). Specificity and heterogeneity in children's responses to profound institutional privation. *The British Journal of Psychiatry*, 179(2), 97–103.

Rutter, M., Beckett, C., Castle, J., Colvert, E., Kreppner, J., Mehta, M., Stevens, S., y Sonuga-Barke, E. (2007). Effects of profound early institutional deprivation: An overview of findings from a UK longitudinal study of Romanian adoptees. *European Journal of Developmental Psychology*, 4(3), 332–350.

Sánchez-Sandoval, Y., y Palacios, J. (2012). Problemas Emocionales y Comportamentales en Niños Adoptados y no Adoptados. *Clínica y Salud*, 23(3), 221–234.

Sroufe, L. A., Egeland, B., y Kreutzer, T. (1990). The Fate of Early Experience Following Developmental Change: Longitudinal Approaches to Individual Adaptation in Childhood. *Child Development*, 61(5), 1363.

Urdinguio, R.G., Sanchez-Mut, J. V., y Esteller, M. (2009) Epigenetic mechanisms in neurological diseases: Genes, syndromes, and therapies. *The Lancet Neurology*, 8(11), pp. 1056–1072.

Van IJzendoorn, M. H., Juffer, F., y Poelhuis, C. W. K. (2005). Adoption and Cognitive Development: A Meta-Analytic Comparison of Adopted and Nonadopted Children's IQ and School Performance. *Psychological Bulletin*, 131(2), 301–316.

Verhulst, F. C., Althaus, M., y Versluis-den Bieman, H. J. M. (1990). Problem Behavior in International Adoptees: I. An Epidemiological Study. *Journal of the American Academy of Child & Adolescent Psychiatry*, 29(1), 94–103.

Weitzman, C., y Albers, L. (2005). Long-Term Developmental, Behavioral, and Attachment Outcomes After International Adoption. *Pediatric Clinics of North America*, 52(5), 1395–1419.

La traumaterapia ecosistémica en postadopción (José Luis Gonzalo Marrodán, Cristina Herce Sellán y Maryorie Dantagnan Dantagnan)

Barudy, J., Dantagnan, M. y cols. (2025). *Manual de Traumaterapia sistémica. Un enfoque comprensivo para abordar el dolor visible e invisible de los procesos traumáticos desde un modelo terapéutico basado en los buenos tratos, la resiliencia y la justicia social.* Madrid: El Hilo Ediciones.

Cyrulnik, B. (2003). *El murmullo de los fantasmas.* Barcelona: Gedisa.

Werner, E.E. (1989). High-risk children in young adulthood: a longitudinal study from birth to 32 years. *American Journal of Orthopsychiatry*, Vol. 59 (1), 72- 81.

Midgley, N., *et al.* (2019). *Tratamiento basado en la mentalización para niños. Un abordaje de tiempo limitado.* Bilbao: Desclée de Brouwer.

Melillo, A. (2005). El pensamiento de Boris Cyrulnik. *Perspectivas sistémicas*, 85.

Martínez Torralba, I. y Vázquez-Bronfman, A. (2006). *La resiliencia invisible.* Gedisa: Barcelona.

Rothschild, B. (2009). *Ayuda para el profesional de la ayuda.* Bilbao: Desclée de Brouwer.

Baron-Cohen, S. (2012) *Empatía cero: una nueva teoría de la crueldad.* Madrid: Alianza.

Burutxaga, I., Pérez-Testor, C., Ibáñez, M., de Diego, S., Golanó, M., Ballús, E., y Castillo, J. (2018). Apego y vínculo: una propuesta de delimitación y diferenciación conceptual. *Temas de psicoanálisis*, 15(2), 1-17.

El papel del sistema sanitario en la postadopción (Talía Sainz Costa y María José Penzol Alonso)

Miller, B. C., Fan, X., Christensen, M., Grotevant, H. D., y van Dulmen, M. (2000). Comparisons of Adopted and Nonadopted Adolescents in a Large, Nationally Representative Sample. *Child Development*, 71(5), 1458–1473. http://www.jstor.org/stable/1131985

Keyes M. A., Sharma A., Elkins I. J., Iacono W. G., y McGue, M. (2008). The Mental Health of US Adolescents Adopted in Infancy. *Arch Pediatr Adolesc Med.*;162(5):419–425. doi:10.1001/archpedi.162.5.419

Solmi, M. *et al.* (2022). Age at onset of mental disorders worldwide: large-scale meta-analysis of 192 epidemiological studies. *Mol Psychiatry*

Lehto, K., Hägg, S., Lu, D., Karlsson, R., Pedersen, N., y Mosing, M. (2020). Childhood Adoption and Mental Health in Adulthood: The Role of Gene-Environment Correlations and Interactions in the UK Biobank. *Biological Psychiatry*, 87(8). https://doi.org/10.1016/j.biopsych.2019.10.016

Área 3 Consultoría Social. AGINTZARI Sociedad Cooperativa de Iniciativa Social. *La postadopción en la Comunidad Autónoma del País Vasco. Claves para un abordaje estratégico del fenómeno de la postadopción.* Departamento de Vivienda y Asuntos Sociales, Dirección de Bienestar Social, Gobierno Vasco. Consultado por última vez en diciembre de 2018, disponible en http://adoptia.org/wp-content/uploads/2016/01/ADOPTIA_POST_cas.pdf

Bravo Queipo de Llano, B., Sainz, T., Díez Sáez, C., Barrios Miras, E., Bueno Barriocanal, M., Cózar Olmo, J.A., *et al.* (2024). La violencia como problema de salud. *Anales de Pediatría*, 2024;100(3):202–11. Disponible en: http://dx.doi.org/10.1016/j.anpedi.2024.02.007

Hernanz Lobo, A., Berzosa Sánchez, A., Escolano, L., Pérez Muñoz, S., Gerig, N., Sainz, T., *et al.* (2023). International adoption of children with special needs in Spain. *Children* (Basel),2023;10(4). Disponible en: http://dx.doi.org/10.3390/children10040690

García López Hortelano, M., y Mellado Peña, M. J. (2015). Adopción internacional en España. *Anales de Pediatría*, 2015;82:291-2.

Alberola López, S., Berastegui Pedro-Viejo, A., de Aranzábal Agudo, M., Cortés Lozano, A., Fumadó Pérez, V., García López-Hortelano, M. (2008). Adopción internacional. Guía para pediatras y otros profesionales sanitarios, 2008. CORA.

Ministerio de Derechos Sociales y Agenda 2030. Estadísticas de adopción internacional. Años 2019-2023 Gob.es. [citado el 24 de mayo de 2024]. Disponible en: https://www.mdsocialesa2030.gob.es/eu/derechos-sociales/infancia-y-adolescencia/PDF/Adopcioninternacional/Normativa/2023_ESTADISTICAS_datos_2019_2023.pdf

Duncan, M., Woolgar, M., Ransley, R., y Fearon, P. (2021). Mental health and behavioral difficulties in adopted children: A systematic review of post-adoption risk and protective factors. *Adoption & Fostering*, 45(4), 414-429. https://doi.org/10.1177/03085759211058358

Corral, S., Herrero, M., Martín, N., Gordejuela, A., Herrero-Fernández, D. (2021). Psychological Adjustment in Adult Adoptees: A Meta-Analysis. *Psicothema*;33(4):527-535. doi: 10.7334/psicothema2021.98. PMID: 34668466.

Van Ijzendoorn, M. H., Bakermans-Kranenburg, M. J., Juffer, F. (2007). Plasticity of growth in height, weight, and head circumference: meta-analytic evidence of massive catch-up after international adoption. *J Dev Behav Pediatr*;28(4):334-43. doi: 10.1097/DBP.0b013e31811320aa. PMID: 17700087.

Chiappini, E., Bortone, B., Borgi, S., Sollai, S., Matucci, T., Galli, L., de Martino, M. (2019) Infectious Diseases in Internationally Adopted Children and Intercountry Discrepancies Among Screening Protocols, A Narrative Review. *Front Pediatr*;7:448. doi: 10.3389/fped.2019.00448. PMID: 31788456; PMCID: PMC6853896.